ハラスメント
Harassment

―職場を破壊するもの―

君嶋　護男 著

労 働 法 令

はじめに

　ハラスメントに関する関心が高まっているように感じます。職場のハラスメントとしては、まず1990年代からセクシャルハラスメントが問題となり、2000年代に入って、性的要素のないハラスメントとしてパワーハラスメントが問題となり、更に2014年10月の最高裁判決を契機にマタニティハラスメントが大きく取り上げられるようになりました。

　特に、昨年は、多くのスポーツ団体において相次いでパワーハラスメントが告発され、更には、もはや下火になったかと思われたセクシャルハラスメントについても、中央官庁の事務次官や地方公共団体の首長が、相次いで事件を起こすなど、その根深さを思い知らされたところです。恐らく、パワーハラスメントについて指弾された人々の多くは、その組織において従前から普通に行われていたことをそのまま踏襲しただけなのに、「なぜ自分だけ非難されるのか」と納得できない思いでいるかも知れませんが、もし、そう考えているとしたら、是非、世の中の認識、基準が変わったことを認識していただきたいと願っています。

　私は、旧労働省及び厚生労働省で約30年間労働行政に携わった後に退職し、その後、労働関係団体で仕事をする傍ら、労働関係、特にハラスメントに関わる裁判事例を収集・整理し、出版や講演などを行ってきました。ハラスメントに関する判決文を読むたびに、「よくここまで他人に対して酷いことができるものだ」と暗澹たる思いをさせられることが少なくありませんでした。

　ハラスメントに関わる裁判事例は、私が個人的にまとめたものだけでも、数百件から数え方によっては千件近くに上ると思われますが、それらを全て紹介することは到底できませんので、その中から、「これは」と思う事例を選んで取り上げてあります。したがって、スペースの関係でやむを得ず落とした事例が相当数あり、その中には、なかなか捨て難いものも含まれています。また、取り上げた事例についても、概要だけに留めていますので、詳細について知りたい方は、是非判決本文を参照していただきたいと思います。

　事例選択の基準としては、実務に参考になるものであることで、そのためにできるだけ様々なパターンの事例を取り上げることを基本としつつ、余

りにも酷い事例については、「世の中にはこんなことが職場で行われている」ということを知っていただくために取り上げています。また、ハラスメント事案の中には、新聞、雑誌等で大きく報道されたものも少なくありませんが、こうした事例は多くの方が関心を持っておられるであろうことを考慮し、できるだけ取り上げるようにしたつもりです。

　ハラスメントについては、セクハラ、パワハラを始め、様々な「〇〇ハラ」と称されるものがありますが、本書では、世の中に定着したと思われるセクハラ、マタハラ、パワハラの３つに整理してあります。もっとも、私自身は、マタハラについては、労働者の権利取得に対する妨害の一つとして、パワハラの一類型として扱うことが適切と考えていますが、多くの場面で、マタハラが独立したハラスメントの一類型として取り上げられていること、事例も最近急速に増加し、大きな塊になりつつあることも考慮し、本書では独立した類型として整理しました。

　本書を作成するに当たっては、旧労働省の先輩である氣賀澤克己氏から、全体の構成等につき貴重なご示唆をいただき、感謝申し上げます。

　本書が、職場のハラスメントを防止する上で役に立ち、職場環境の改善に少しでも貢献できれば、これに勝る喜びはありません。

　平成31年３月

　　　　　　　　　　　　　　　　　　　　　　　　　君嶋　　護男

目 次

はじめに

第1章 職場におけるハラスメントの現状と対応 ……………… 1
Ⅰ ハラスメントの生まれる背景、経緯……………………………… 1
1 ハラスメントが職場にもたらす閉塞感……………………………… 1
2 部下を持った者が配慮すべきこと………………………………… 2
Ⅱ ハラスメントの種類………………………………………………… 6

第2章 裁判例から見たハラスメントの状況……………………… 8
Ⅰ セクシャルハラスメント（セクハラ）………………………… 8
1 裁判に表れたセクハラの定義……………………………………… 8
2 セクハラ裁判の歴史………………………………………………… 10
(1) セクハラを理由とした損害賠償請求…………………………… 10
(2) セクハラを理由とした解雇等の処分…………………………… 11
3 セクハラに関する事実認定………………………………………… 13
(1) 事実認定の考え方………………………………………………… 13
(2) セクハラに係る事実関係の争い………………………………… 14
ア 被害者や第三者による供述の信憑性………………………… 14
イ 被害者の抵抗、告発の有無…………………………………… 16
ウ 被害者の録音、メモ、日記、供述等の信憑性…………… 18
エ 黙示の合意についての判断…………………………………… 19
オ 性的関係についての合意の有無……………………………… 20
4 セクハラ行為の類型………………………………………………… 22
(1) 対価型セクハラ…………………………………………………… 22
(2) 環境型セクハラ…………………………………………………… 24
ア 卑猥な言動……………………………………………………… 24

i

イ	身体への接触	27
(3)	指針に示されたものとは別の切り口から見た類型	29
ア	ストーカー型セクハラ	29
イ	浅く広く型セクハラ	34
ウ	偶発的な契機によるセクハラ	36
エ	レイプ及びそれに近い強制わいせつ行為	39
オ	覗き見、隠し撮り	41
(4)	セクハラの行為者に係る名誉毀損	44
ア	大学における事件	45
イ	大学以外の場における事件	49
(5)	セクハラ行為の隠蔽	52
5	セクハラの使用者責任	54
(1)	使用者責任の意義、法的根拠	54
(2)	使用者責任が認められる場合	55
ア	使用者責任の判断基準	55
イ	勤務時間中におけるセクハラに対する使用者の責任	56
ウ	勤務時間外におけるセクハラに対する使用者の責任	57
エ	セクハラ行為後の使用者の対処による責任の程度	59
オ	直接の雇用関係にない者の使用者責任	60
6	セクハラの行為者及び被害者に対する解雇等の処分	61
(1)	行為者に対する処分	61
(2)	被害者の勤務態度等を理由とする処分	62
ア	解雇が有効と認められたもの	62
イ	解雇が違法、無効とされたもの	64
7	セクハラ事件における損害賠償額の算定	64
(1)	逸失利益	64
(2)	慰謝料	66
ア	額の算定に当たっての考え方	66
イ	行為者側及び被害者側の要因	66
ウ	行為者及び被害者のそれまでの関係	66

エ　セクハラ行為が行われた時間、場所⋯⋯⋯⋯⋯⋯⋯⋯⋯⋯　67

オ　行為の反復継続性⋯⋯⋯⋯⋯⋯⋯⋯⋯⋯⋯⋯⋯⋯⋯⋯⋯⋯　67

カ　高額の賠償事例⋯⋯⋯⋯⋯⋯⋯⋯⋯⋯⋯⋯⋯⋯⋯⋯⋯⋯⋯　68

Ⅱ　マタニティハラスメント（マタハラ）⋯⋯⋯⋯⋯⋯⋯⋯⋯⋯⋯　69

1　マタニティハラスメント（マタハラ）とは⋯⋯⋯⋯⋯⋯⋯⋯　69

2　裁判例から見たマタハラの事例⋯⋯⋯⋯⋯⋯⋯⋯⋯⋯⋯⋯　71

(1)　妊娠・出産、産前産後休業の取得等を理由とする不利益

取扱い⋯⋯⋯⋯⋯⋯⋯⋯⋯⋯⋯⋯⋯⋯⋯⋯⋯⋯⋯⋯⋯⋯　71

ア　広島中央保健生協病院事件⋯⋯⋯⋯⋯⋯⋯⋯⋯⋯⋯⋯　71

イ　妊娠を理由とする、あるいは妊娠中の女性の解雇、雇

止め⋯⋯⋯⋯⋯⋯⋯⋯⋯⋯⋯⋯⋯⋯⋯⋯⋯⋯⋯⋯⋯⋯　74

ウ　妊娠・出産を理由とするその他の不利益取扱い⋯⋯⋯　81

(2)　育児休業の取得を理由とする不利益取扱い⋯⋯⋯⋯⋯⋯　85

Ⅲ　パワーハラスメント（パワハラ）⋯⋯⋯⋯⋯⋯⋯⋯⋯⋯⋯⋯　91

1　パワーハラスメント（パワハラ）とは⋯⋯⋯⋯⋯⋯⋯⋯⋯　91

2　職場のいじめ・嫌がらせ問題に関する円卓会議の提言⋯⋯⋯　93

(1)　職場のパワーハラスメントの概念⋯⋯⋯⋯⋯⋯⋯⋯⋯⋯　93

(2)　職場のパワーハラスメントの行為の類型⋯⋯⋯⋯⋯⋯⋯　93

3　職場のパワーハラスメント防止対策についての検討会報告

書⋯⋯⋯⋯⋯⋯⋯⋯⋯⋯⋯⋯⋯⋯⋯⋯⋯⋯⋯⋯⋯⋯⋯⋯　94

4　本書におけるパワハラの捉え方⋯⋯⋯⋯⋯⋯⋯⋯⋯⋯⋯⋯　97

5　パワハラ行為の各類型の事例⋯⋯⋯⋯⋯⋯⋯⋯⋯⋯⋯⋯⋯　99

(1)　暴行・傷害（身体的な攻撃）⋯⋯⋯⋯⋯⋯⋯⋯⋯⋯⋯⋯　99

ア　身体の負傷⋯⋯⋯⋯⋯⋯⋯⋯⋯⋯⋯⋯⋯⋯⋯⋯⋯⋯⋯　99

イ　暴力を原因とする精神障害の発生⋯⋯⋯⋯⋯⋯⋯⋯⋯　106

(2)　脅迫・名誉毀損・侮辱・ひどい暴言（精神的な攻撃）⋯⋯　108

ア　直接の叱責、罵倒、侮辱⋯⋯⋯⋯⋯⋯⋯⋯⋯⋯⋯⋯⋯　109

イ　チャット、メール等を用いた罵倒、侮辱⋯⋯⋯⋯⋯⋯　115

ウ　大勢の面前での叱責、罵倒による精神疾患の発症⋯⋯⋯　118

エ　近親者に絡む叱責、罵倒、揶揄⋯⋯⋯⋯⋯⋯⋯⋯⋯⋯　120

iii

オ　精神的に疲弊した者に対する叱責、罵倒……………… 123

カ　風評、噂の流布による名誉毀損……………………… 125

キ　始末書の強要………………………………………… 127

(3)　隔離・仲間外し・無視（人間関係からの切り離し）……… 129

(4)　業務上明らかに不要なことや遂行不可能なことの強制、
仕事の妨害（過大な要求）……………………………… 131

(5)　業務上の合理性なく、能力や経験とかけ離れた程度の低
い仕事を命じることや仕事を与えないこと（過小な要求）…… 136

ア　キャリアに照らして不当な業務への配置等……… 136

イ　不必要な制裁としての業務の付与、研修命令……… 142

(6)　私的なことに過度に立ち入ること（個の侵害）……… 146

(7)　退職強要、解雇その他の処分……………………… 150

ア　会社や上司に対する批判、中傷その他勤務状況等を理
由とする退職の強要や処分……………………… 150

イ　内部告発を理由とする解雇その他の処分……… 153

ウ　結婚を理由とする退職の強要……………………… 157

エ　セクハラの拒否を理由とする解雇その他の不利益取扱
い…………………………………………………… 158

オ　パワハラを理由とする解雇等の処分……………… 161

カ　その他………………………………………………… 163

(8)　不当な人事考課に基づく降格、配転、昇給・昇格差別等…… 164

ア　勤務態度、成績等を理由（口実）とする配転を含む不
利益取扱い……………………………………………… 164

イ　思想信条を理由とする差別的取扱い……………… 168

(9)　正当な権利行使の妨害、権利行使を理由とする不利益取
扱い…………………………………………………… 173

おわりに

第1章 職場におけるハラスメントの現状と対応

I　ハラスメントの生まれる 背景、経緯

1　ハラスメントが職場にもたらす閉塞感

　セクハラ、マタハラ、パワハラといったハラスメントはなぜ生じるのであろうか。ハラスメントによって被害者は苦しみ、最悪の場合は自殺にまで追い込まれ、事業主は大切な従業員を失ったり、その心身を傷つけたりするだけでなく、企業イメージを低下させ、行為者は懲戒処分を受けたり、場合によっては職場から追放されるなど、社内にはこれによって利益を受ける者は誰もいないと思われる。それにもかかわらず、職場でのハラスメントは相変わらず発生しており、個別労働関係紛争の解決の促進に関する法律（平成13年法律第112号）（以下「個別労働紛争解決法」という。）に基づく相談窓口への相談件数は、年々増加しているだけでなく、ハラスメントによると思われる精神障害についての労災認定件数も右肩上がりの状況にある。

　もちろん、相談件数や労災認定件数の増加が、必ずしもハラスメント自体の増加を意味しているとはいえない。なぜなら、以前ならば、ハラスメントを受けても、これを我慢していたものが、ハラスメントは人権侵害であることに目覚めて被害者が行動を起こすようになった面も相当あると思われるし、労災認定に関していえば、精神障害に関する認定基準が緩和されて、精神障害の労災認定を受けやすくなったことも、件数増加の要因となっていると考えられるからである。

1

第 1 章　職場におけるハラスメントの現状と対応

　ハラスメントが、近年特に大きな問題となった切掛けは、約20年前からの自殺者の急増にあると思われる。すなわち、自殺件数は、従来、年間 2 万件台の前半で推移していたものが、平成10年に、対前年比約35％増の 3 万件を超え、その後14年間にわたり 3 万件の大台をキープしてきた。その後、自殺対策基本法が施行されたり、経済情勢が改善されるなどしたこともあってか、平成24年以降の自殺件数は 3 万件を下回り、平成30年には、 2 万598件と、20年以上前の水準に戻ってきている。もちろん、自殺の原因は職場での出来事だけでなく、様々な要因が重なり合って生じるものであるから、その増加をパワハラと直結できるかという問題もあろうが、働き盛りの年齢の男性の自殺が多いこと、裁判で争われたパワハラに係る自殺事例が多く見られるようになってきたことなどから見て、パワハラは自殺の有力な要因の一つと見て良いであろう。

　では、なぜ、誰にとっても不幸をもたらすであろうハラスメントがかくも頻繁に発生するのであろうか。その原因は、職場の状況やそこで働く人の人間性にも関わることから、簡単に特定できるものではないが、おそらく、政治や経済の行き詰まりなどによってもたらされる閉塞感、先行きの不透明感、男女差別意識、年長者の優越意識などが、その要因となっているものと推測される。こうした中で、短期的に成果を厳しく求められ、これに応えようとして、つい部下等に対し、過剰なまでの叱責をしたり、ストレスを解消するためもあってか、仕事と関係のないいじめに走ったりしてしまうのかも知れない。しかし、こうした行動が、逆に職場における新たな閉塞感、不安感を生み出していることを、特に部下を持つ管理職らは深刻に認識すべきであろう。

2　部下を持った者が配慮すべきこと

　現在、多くの職場で問題とされているハラスメントは、最近になって急に発生したものではなく、実態としては、はるか昔からあったことは間違いない。セクハラに関していえば、以前は女性側の我慢、辛抱によって表面化されることなく済んでいた面が強いと思われ、そうした職場環境で育った世代は、「これまで問題にもされなかった」、「軽い接触や猥談程度は職場の潤滑油」、

「いちいちセクハラなどと騒がれたのでは職場がギスギスする」などと、往々にしてセクハラについて甘い見方をする傾向が感じられる。このことは、後に紹介する多くの裁判事例からも窺えるところである。

　一方、女性側も、一般的に職場において低い地位に置かれていたこともあって、セクハラを受けて不快な気持ちを抱きながら、「仕事をする以上仕方がない」、「これも給料のうち」などと我慢してきたものと思われ、そうした状況にあっては、女性側の我慢によって、それなりに「職場の平和」が保たれていたものと思われる。ところが、「セクシャルハラスメン」という語が普及し、これが更に「セクハラ」として完全に世の中に定着すると、これが許されない人権侵害であるとの認識が市民権を得たことによって、自らの権利を主張するようになったものと考えられる。言葉が人間の行動を促すことは珍しくないが、セクシャルハラスメントもその一例といえるであろう。

　最近では、少なくとも、主要な判例雑誌に掲載されるセクハラ事件は、ピーク時の十数年前と比較するとかなり減少してきているが、それでも、年間数件程度は散見されるし、新聞報道等を見ると、判例雑誌に掲載されていない事例も少なからず存在しているようである。また、最近では、中央官庁の事務次官や地方公共団体の首長など、社会的地位が高いとされる人々によるセクハラ事案が大きく取り上げられていることなどからすると、セクハラ防止についての取組みは、まだまだ必要といえよう。

　一方、パワハラについては、裁判に係るものだけでも非常に多くの事例が積み重なっているほか、都道府県労働局に設置されている相談コーナーにおいても、毎年多数の相談が寄せられているところである。恐らく、多くの管理職は、自分が入社した当時、上司や先輩から厳しい指導を受け、その中には、今でいうパワハラも少なからず含まれており、それを乗り越えて成長してきたという自負があって、今の若手もそうあって欲しい、いやそうあるべきだと考えているのではないかと推測される。「パワハラなんて昔からあった」、「今の若手はひ弱過ぎる」、「若手を鍛えるためにはパワハラなんて気にしていられない」などと考えている経営者や管理者は決して少なくないであろう。確かに、仕事について一人前に育てるためには、部下や後輩を厳しく鍛えることも必要であろうが、厳しく鍛えることとパワハラとは似て非なるものであ

り、正当な指導、鍛錬が部下等の健全な成長をもたらすのに対し、パワハラは、部下等を傷つけるだけでなく、生活の基盤である職場の活力を減退させ、自らの首を絞める結果となることを認識することが必要であろう。

「今の若い者は……」、「自分達が若い頃はこんなものではなかった」などと言うのは、昔から中年以上の世代が、自分達の世代の優位性をアピールするために言い続けてきた常套句と思われる。このことは、客観的に計る物差しがない以上、必ずしも間違っているとは言い切れないが、少なくともこうした発想からはプラスの効果は期待できないであろう。仮に、何らかの方法によって、世代毎の能力についての客観的な比較ができるようになり、その結果、現在の若い世代が高齢世代に比べて精神的にひ弱であることが証明されたとしても、だからといって、高齢世代が若い世代に取って代わることができないことはいうまでもない。そうだとすれば、これからの社会を担う若い世代に合った形で、その能力を発揮しやすいように配慮し、職場環境を改善・整備することが、上の世代の務めといわなければならない。「俺達の頃は……」と昔を懐かしみ、美化して、若い世代にハラスメントを仕掛けることは、そうした配慮とは対極にあるものといえよう。

以前、特に高度経済成長期、更にはバブル経済当時までは、多くの労働者は、その所属する組織の安定性を信じ、「明日は今日より発展している」、「悪いことさえしなければ、定年までは生活が保障される」といった感覚を持っていたように思われる。かくいう私も、官庁という最も安定しているとされる組織で仕事をしていたことから、職を失う危機意識を持ったことがなく、実際にも、退職勧奨を受けるまで安定した職業生活を送ることができた。

また、当時は、官庁を始め、多くの組織においては、賃金は年功を基本に決められ、一定の段階までは、同じ勤務年数であれば、それ程差がつかない形で昇進していく人事管理が行われていた。したがって、上司にとっての部下は、常に格下であり、かつ、長期にわたって同じ組織で仕事をすることを前提に考えていたから、部下に対し、目の前の仕事だけでなく、より長期的な観点に立って教育する余裕やインセンティブがあったといえる。こうした環境の中では、部下としては、上司から厳しい叱責、中にはパワハラに当たるような言動を受けたとしても、これに耐えようというインセンティブが働

くし、上司からすれば、厳しい叱責をした後においても、その部下が潰れないように、その後飲みに連れ出すなどしてフォローしていたように思われる。

それに対し、現在では、上司の立場からすれば、短期での成果を厳しく求められ、部下はいつまで同じ職場にいるかわからず、しかも、成果主義を中心とした人事管理によって、下手をすれば今の部下が自分の上に立つ可能性もあるとなれば、部下を教育する余裕もインセンティブもなくなり、短期的に成果を出そうと、部下に対し必要以上に厳しく当たる状況になっているのではないかと推測される。

人事担当者や管理者にとっては、パワハラをなくすための処方箋が欲しいところであろうが、そのような処方箋を示すことは、誰にとっても極めて困難であろう（そんな都合の良いものがあれば、パワハラはとっくになくなっているはずである）。しかし、逆に「どういうことをすればパワハラになるか」についての回答を示すことは可能である。一般に裁判で争われたパワハラ事案は、特に悪質なものと考えられるから、こうした裁判事例、あるいは相談事例等を数多く学び、どのような行為がパワハラに該当するか、いわば「相場観」を養って、パワハラとして指弾されるような悪質な言動をしないよう注意し続けていくこと、いうならば、裁判事例等を反面教師として活用することが、パワハラを防止、減少させるための有効な方策と考えられる。

第1章 職場におけるハラスメントの現状と対応

Ⅱ　ハラスメントの種類

　職場におけるハラスメントには、どのようなものがあるか。

　ハラスメントが問題となった最初の切掛けは、セクシャルハラスメントであろう。セクシャルハラスメントは、元々アメリカにおいて問題とされたものだが、その後我が国でも注目されるようになり、平成元年には流行語大賞に選ばれるまでになった。その後セクシャルハラスメントは、「セクハラ」と略称され、今では流行語の域を超えて、定着した言葉となっている。セクハラについては、当初法律上の規定はなかったが、雇用の分野における男女の均等な機会及び待遇の確保等に関する法律（昭和47年法律第113号）（以下「男女雇用機会均等法」又は「均等法」という。）の平成18年の改正により、その11条に「職場における性的な言動に起因する問題に関する雇用管理上の措置」として規定が設けられ、同条2項の規定に基づく「事業主が職場における性的な言動に起因する問題に関して雇用管理上講ずべき措置についての指針」（平成18年厚生労働省告示第615号）（以下「性的言動指針」という。）が定められた。

　その後、職場における性的要素のないハラスメントも問題とされるようになり、性的要素のないハラスメントがパワーハラスメント、モラルハラスメントなどと呼ばれるようになり、これも一括して「パワーハラスメント」あるいは「パワハラ」として定着している。

　更には、妊娠・出産、産前産後休業の取得、育児休業の取得等を理由とす

る嫌がらせが、特に平成26年10月の最高裁判決を契機に大きく取り上げられるようになり、同判決を受けて、平成28年に均等法が改正され、11条の2として「職場における妊娠、出産等に関する言動に起因する問題に関する雇用管理上の措置」の規定が設けられ、同条2項に基づく指針（事業主が職場における妊娠、出産等に関する言動に起因する問題に関して雇用管理上講ずべき措置についての指針（平成28年厚生労働省告示第312号））が定められた。また、同時に、育児休業、介護休業等育児又は家族介護を行う労働者の福祉に関する法律（平成3年法律第76号）（以下「育児・介護休業法」という。）が改正され、25条として「職場における育児休業等に関する言動に起因する問題に関する雇用管理上の措置」の規定が設けられた。上記最高裁判決当時、同事件がマタニティハラスメント（マタハラ）事例として大きく報道されたが、マタハラに関しては、1970年代に裁判で争われた事例もあり、「マタハラ」という語自体も、かなり以前から存在していたが、これが脚光を浴びるに至ったのは、何と言っても、上記最高裁判決によるものであった。行政では、狭い意味でのマタハラを含め、広く「妊娠・出産・育児休業等に関するハラスメント」としているが、本書では、同ハラスメントをマタハラとして扱っている。

　本書では、様々なハラスメントの中で、既に定着した、あるいは定着しつつあると思われるセクハラ・パワハラ・マタハラの3つのハラスメントを取り上げ、それぞれについて、主な裁判例を紹介する形で解説を加えていく。

第2章 裁判例から見たハラスメントの状況

Ⅰ　セクシャルハラスメント（セクハラ）

1　裁判に表れたセクハラの定義

　セクハラについては、上記のとおり、均等法11条2項に基づく性的言動指針により定義されているところであるが、実際には、何が「性的な言動」に該当するか、争われる場面が多く見られる。特に、セクハラ（他のハラスメントも同様の性格を有してはいるが）の場合、指針が定められているとはいっても、客観的な基準が十分とはいえず、基本的に当事者（主に被害者）の感性に委ねられることが多いため、事実認定の困難さもさることながら、たとえ事実認定がされた後においても、これがセクハラに該当するか否かが争いになり易いという本質的な性格を有している。

　特に、多くの男性（女性もセクハラを行うことがあるが、セクハラの行為者は圧倒的に男性であるため、便宜的に男性を行為者としているが、女性が行為者の場合も考え方は同じ。）にとって納得がいかないのは、同じ女性に対し、男性甲が行った行為は問題とされない一方、男性乙が同じ行為を行った場合にはセクハラとして非難される、あるいは、同じ男性が、女性Aにある行為をしても笑って済まされるのに、同じ行為を女性Bにするとセクハラと非難されることであろう。これについては、同じ行為をしながら、その行為者あるいは受手によってセクハラに該当したりしなかったりするのは不公平であって、公平性を確保するために、セクハラに該当するか否かの判断基準を明確

にすべきとする考え方がある一方、セクハラは受手の主観的感覚の問題であり、受手がセクハラと感じたものは基本的にセクハラになるという考え方もある。

　前者の立場に立てば、客観性・公平性は確保される一方、どうしても平均的な女性の感性を基準とせざるを得ないこととなるから、セクハラに対して特に繊細な感覚を持つ女性からすれば、セクハラと感じるにもかかわらず、「この程度は受忍範囲」ということにもなり、不満を感じることになるであろう。一方、後者の立場に立てば、セクハラと感じる女性にとっては、行為の内容と、それによって自分が不快と感じたことを明らかにすれば、原則としてセクハラと認定され、保護範囲が広がることになる。しかし、行為者の立場からすれば、同じ行為をしても、人によってセクハラになったりならなかったりするわけであるから、客観性に欠け、不公平・不透明といった不満を抱くことになると思われる。

　中央官庁の事務次官が行ったとされるセクハラについて、大臣が「セクハラ罪というものはない」と抗弁したことは記憶に新しいところであるが、仮にセクハラを罪とする「セクハラ防止法」とでもいうべき法律を制定するとなれば、当然セクハラの構成要件を明確にしなければならないから、基本的に前者の立場に立たざるを得ないこととなる。

　セクハラについて、前者か後者かいずれの立場に立つかという点について、傍論ではあるが一つの回答を示した裁判例がある（千葉地裁松戸支部平成12年8月10日判決）。

　この事件は、男性市議会議員（被告）が女性市議会議員（原告）に対して、面と向かって「男いらずの○○さん」と言ったり、自ら選挙民向けの活動報告に、原告について「オトコいらず」と記載したりして慰謝料等を請求されたものである。判決では、「性的なからかいや冗談もセクハラになり得るのであり、セクハラの定義中の『意に反する』という要件は、被害者が嫌がる・不快に感じるという被害者の主観が重視されることを意味しており、セクハラのキーワードは『unwelcome』、つまり同じ行動が受手の受け取り方によって、セクハラになることもあるし、ならないこともある」と、明確に後者の立場に立った判断を下している。この判決は地裁段階のものであり、その後、同様な判断を示した判決は見当たらないが、逆に、これと異なる判決も見ら

第2章 裁判例から見たハラスメントの状況

れないことからすれば、セクハラの判断に当たって重要な参考になるものと思われる。

この判決の考え方からすれば、女性から見て好感の持てる男性の行為であれば、お茶や食事への誘い、容姿、服装等へのコメントなども許容されるか、場合によっては「welcome」とされるのに対し、気に入らない男性の場合は、一寸した言動が「unwelcome」としてセクハラと感じさせることにもなりかねない。ただし、ここでいう「welcome」、「unwelcome」は、あくまでも当該女性の感覚であって、一般的にはいわゆるもてるタイプの男性であっても、特定の女性からは気に入られないこともあるから、「自分はもてる」と自信過剰で女性に接したりすると、足下をすくわれる危険性があるから、注意が必要である。

一方、男性の行為について、感性の違いなどから、女性によってセクハラと感じたり、問題にしなかったりすることもあり得る。泊まりがけの研修の際、男性社長（被告）と複数の女性従業員との混浴が慣例的に行われてきた会社で、これを拒否した女性（原告）が、これをセクハラとして慰謝料等を請求した事件がある（東京地裁平成11年4月2日判決）。判決では、原告が嫌々ながらも1、2回混浴に参加していること、特に強制的に参加させられたとは認められないことを理由として、原告の請求を斥けている。

2 セクハラ裁判の歴史

(1) セクハラを理由とした損害賠償請求

セクシャルハラスメントなる言葉が我が国で普及したのは、昭和の末期と思われるが、一旦普及し始めると、短期間で有名になり、平成元年には流行語大賞に選ばれるまでになっている。それでは、実態として、今でいうセクハラはいつ頃からあったかといえば、恐らくはるか昔からであろうが、裁判で争われるようになったのは、比較的最近のことである。

しばしば「我が国初のセクハラ裁判」と称される事件（福岡地裁平成4年4月16日判決）は、女性編集者（原告）が、上司である男性編集長（被告）から、異性関係の派手さや性的言動に関する噂を流されるなどして職場環境

10

Ｉ　セクシャルハラスメント（セクハラ）

を阻害され、女性がこのことを専務に訴えても「会社は関知せず」と当事者同士での解決を指示された挙げ句、話し合いがつかなかったとして退職に追い込まれたものである。ただ、この事件は、その内容を見ると、セクハラ事件というよりも、むしろパワハラ事件というに相応しいものであるから、Ⅲパワーハラスメントの5(2)カ（ア）①で記述する。

(2)　セクハラを理由とした解雇等の処分

　上記(1)の事件は、上司からのハラスメントを受けた女性が、行為者及び使用者に対し損害賠償を請求したものであるが、セクハラを巡って争われた裁判としては、セクハラ行為を理由に解雇等の処分を受けた者が、その処分の取消しを求めたものも数多く見られ、この類型の事件は、上記事件の少なくとも四半世紀も前から裁判で争われている。

　1960年代から1970年代にかけて、特定の業界でセクハラ事件、それも強姦や強制わいせつにも当たるような非常に悪質な事件が多発し、これを理由とした解雇等の処分を巡って多くの裁判が争われた（（注1）～（注9））。その業界とは観光バス業界であり、運転手が宿泊先のホテル等でバスガイドに対し、わいせつ行為等を仕掛けるという共通点が見られた。当時のバスガイドは、中学校や高校を卒業して間もない10代後半から20代前半の若い女性が多い一方、観光バスの運転手はベテランが多いことから、若く経験の浅いバスガイドとしてはベテラン運転手の機嫌を損ねることを恐れ、要求を断りにくい雰囲気にあったようである。このように、ベテラン運転手と若いバスガイドが組んで、会社の監視下を離れて、従業員としては2人だけで同じ宿に泊まるわけであるから、深刻なセクハラ事件が発生する素地は元々あったといえる。

　もちろん、会社としても、こうしたセクハラ事件の発生を懸念し、セクハラ防止のための研修や、セクハラ行為が発生した場合における厳しい処分なども行っていたところであり、そのために解雇等の処分を巡る裁判がしばしば行われていたわけである。恐らく、当時としては、観光バス業界は、セクハラ防止について最も先進的に取り組んでいた業界であったといえよう。当時は高度経済成長の真只中にあり、人手不足が深刻であったことから、セク

11

第2章　裁判例から見たハラスメントの状況

ハラ事件が知られて「女性にとって危ない会社」の烙印を押されれば、学校から女子生徒を紹介してもらえなくなる危険性があることを会社は非常に懸念していたことが、判決から浮き彫りになっている。

　その後、セクシャルハラスメント、セクハラという語が普及するに従い、セクハラ被害者が行為者あるいはその使用者を相手取って損害賠償を請求する事案が1990年代以降増大してきた。上記(1)の福岡地裁判決の事件はその先駆的事例といえるが、この類型に属する事件でも、それ以前に、ホテルの課長が、部下の女性と夕食を共にした後、車でホテルに連れ込もうとしたり、車内でキスを迫るなどして慰謝料等110万円の支払いを命じられた事件もある（静岡地裁平成2年12月20日判決）。ただ、この事件では、会社は被告とされておらず、ハラスメントの使用者責任が認められたのは、上記福岡地裁判決事件が恐らく初めてと思われる。

（注1）仮処分　長野地裁昭和40年10月19日判決（解雇無効）、東京高裁昭和41年7月30日判決（解雇有効）、本訴　長野地裁昭和45年3月24日判決（解雇有効）

（注2）岡山地裁昭和41年7月30日判決（解雇無効）

（注3）松江地裁益田支部昭和44年11月18日判決（退職無効）、広島地裁松江支部昭和48年10月26日判決（退職無効）

（注4）東京地裁昭和45年7月27日判決（解雇有効）

（注5）大阪地裁昭和58年10月18日判決（解雇無効）

（注6）大阪地裁昭和61年2月20日判決（解雇有効）

（注7）仮処分　東京地裁昭和63年5月27日判決（解雇有効）、本訴　東京地裁平成5年12月16日判決（解雇有効）、東京高裁平成7年2月28日判決（解雇無効）

（注8）福岡地裁平成8年2月5日判決（解雇有効）

（注9）大阪地裁平成12年4月28日判決（解雇有効）

Ⅰ　セクシャルハラスメント（セクハラ）

3　セクハラに関する事実認定

(1)　事実認定の考え方

　セクハラ事件の多くは、当事者以外に事実関係を知るものがなく、しかも当事者の主張が食い違うことが多い、というよりも一致することの方が希れであるから、事実をどのように認定するかが、裁判や処分を行うに当たってのキーポイントになる。世間の耳目を集めた事務次官によるセクハラと称される事件についても、行為者とされた事務次官は、一定の言動を認めるような態度を取りつつも、報道されたものはその一部であり、全部を聞けばセクハラではないことが明らかになると主張している。この事件は、事務次官のものと思われる音声が報道されており、これがセクハラ行為の証拠のように報道されたところ、セクハラの事実認定に当たって、録音が証拠として採用されることも少なくないが、確かにその一部だけを切り取って公表した場合には、印象が大きく異なることもあり得るから、事実認定に当たっては、たとえ行為者本人の声であったとしても、慎重な対応が求められる。

　事実認定の判断に当たっては、（ⅰ）どちらの主張に一貫性、具体性があり、かつ不自然さがないか、（ⅱ）被害者が虚偽の供述までして行為者を陥れる動機が認められるか等がその判断基準となるが、更に行為者の普段の言動においてセクハラ、あるいはセクハラ的行為が認められるか否かについても判断の要素となる。「まさか、あの人がそんなことをするとは思えない」と取られるか、「あの人ならいかにもやりそうなことだ」と取られるかによって、判断が左右されることもあるから、日頃の行いに留意することが重要である。

　校長が、女性教諭に対し自動車内で抱きつく、キスを強要する、服の中に手を入れて胸を触るなどのわいせつ行為を行ったとして懲戒免職された事件（千葉地裁平成30年9月25日判決）では、免職処分が有効とされたが、調査に応じた女性職員が、校長について、「飲み会では下ネタ連発」など、校長が日頃から性的発言をしばしばしていたと証言しており、それらの証言が処分に一定の影響を与えた可能性もある。

　また、セクハラとされる行為について、行為の時点で被害者がその行為を

13

第2章　裁判例から見たハラスメントの状況

本当に拒否していたのか、それとも消極的であってもこれを許容していたと見られるか等についても、諸般の事情から判断することとなる。仮に、行為の時点ではその行為が合意されていても、その後関係の悪化等によってセクハラを訴えることも考えられるため、裁判や処分に当たっては、行為時における両者の意思を確認することが不可欠といえる。ただ、職場の男性上司と女性部下が性的関係に入るなどし、その後関係が悪化して別れたような場合において、女性が「最初から嫌だったが、上司の要求を拒否すれば嫌がらせされる恐れがあるので、やむなく要求に応じた」、「無理矢理性的関係を強いられた」などとセクハラであることを主張すれば、その主張が余程不自然なものでない限り、行為者である上司が両者の合意を主張しても勝ち目は薄いであろう。

(2)　セクハラに係る事実関係の争い

ア　被害者や第三者による供述の信憑性

①　当事者のみならず第三者の供述の対立

　セクハラの場合、通常当事者の供述は対立するが、当事者のみならず周囲の第三者による供述も真っ向から対立した事件もある（東京地裁平成17年1月31日判決）。

　この事件は、米国のコンピューター関連会社の子会社（被告）の金融営業本部長X（原告）が、女性の秘書Z₁や派遣社員Z₂に対し、日常的に「やらせろ」、「胸がない」など卑猥な発言をしたり、身体を触ったりしたとして、賞罰委員会の議を経て懲戒解雇されたところ、セクハラの訴えは事実無根で、解雇は弁明の機会を与えずに行ったものであるなどとして、Xがその無効を主張したものである。本件は、セクハラの事実について、職場における複数の者から、Xの人格を支持する一方、Z₁の日頃の態度に批判的で、XがZ₁にセクハラをしたとは考えにくいなどとする証言が寄せられ、また、経営会議の場で社長が懲戒解雇手続きについて疑問を呈するなど、事実関係や手続きの可否が特に問題となったものである。

　判決では、Z₁の供述は、多岐にわたり、具体的かつ詳細であり、Z₁は秘書としてXから概ね高い評価を得ていたことなどから、虚偽の供述まで

してXを陥れることは考えにくく、27歳の独身女性が、身体を触られたり、キスをされたと第三者に述べることは抵抗があると推認できること、Z₂も、酒に酔ってXら男性に胸を触らせたなどの不名誉な出来事を有夫の身で述べていることなど、共にその供述の信憑性が高いとした。また、事実認定と併せて本件で特に問題となった懲戒解雇手続きの可否については、会社は、懲戒は賞罰委員会の合議により決定する旨定めているものの、合議方法については定めがなく、また、就業規則には、被懲戒者に弁明の機会を与えなければならないとの規定がないことから、確かに一般論としては、適正手続保障の見地から、弁明の機会を与えることが望ましいが、就業規則に規定がない以上、弁明の機会を与えなかったことをもって直ちに当該懲戒処分が無効になると解するのは困難であるとして、本件懲戒解雇を有効と認めた。懲戒処分、特に懲戒解雇処分は、労働者に重大な不利益を課するものであるから、被懲戒者に弁明の機会を与えることは当然であり、その旨就業規則に規定がないとすれば、その不備を問題にすべきであるところ、「就業規則に規定がない以上会社の対応は問題なし」としたことは、かなり特異な判断といえる。第三者からもXを支持する証言がかなり得られていること、社長も手続きに疑問を呈していること、Xに弁明の機会を与えずに懲戒解雇に及んでいることからすると、Xは合併会社にありがちな社内の主導権争いの犠牲になった可能性も否定できない。

② 強姦の事実を行為者が全面否認

当事者同士の供述が真っ向から対立した事例として、外国法人銀行支店長が、女性行員を自宅に呼び出して強姦に及んだとされる事件がある（東京地裁平成11年10月27日判決）。

この事件は、外国法人銀行（被告）に勤務する女性行員X₁（原告）が、外国人支店長Y（被告）から「日本語を教えて欲しい」との依頼を受けてYの自宅を訪れたところ、Yに強姦され、一方、同じく女性行員X₂（原告）は、Yから支店長室に呼び出され、頬にキスされ、胸を触られ、スカートをめくられるなどの行為を受けたとされたものである（本件わいせつ行為）。Y及び銀行は、X₁に対する強姦を全面的に否定して争ったところ、判決では、X₁及びX₂は、本件わいせつ行為以降、上司等から些細なことで激しく叱

第2章　裁判例から見たハラスメントの状況

責され、年次有給休暇を許可されないなどの嫌がらせを受けたことなどから、強姦があったと認定し、Y及び銀行に対し、X₁について300万円、X₂について70万円の慰謝料の支払いを命じた。

③　供述が余りにも詳細、具体的として事実を不認定

一方、被害者の供述が余りにも具体的かつ詳細であって不自然であるとして、セクハラの事実として認定されなかった事例も見られる（東京高裁平成21年2月12日判決）。

この事件は、区議会議員候補者の選挙運動員であった女性X（原告）が、選挙事務所で候補者Y（被告）と2人だけになった際、Yから執拗なわいせつ行為を受けたとして慰謝料等の請求を行ったものである。Xの供述は、Yの各行為の時間も含めて詳細を究めたが、判決では、Xの供述のような深刻なわいせつ行為を受けた場合、動揺するのが普通であって、余りにも冷静に事実関係を供述することは、かえって作為的に感じられるとして、セクハラ行為の存在自体を否定している。

この事件では、Xの供述もさることながら、元々Xの方がYに好意を寄せ、しばしば積極的にメールを送信するなどしていたこと、セクハラ行為があったとされる時点から訴訟の提起まで半年以上経過し、かつ、その間Yに対する抗議等の行動をとっていないことなど、不自然と見られる点も考慮されている。ただ、第1審（東京地裁平成20年9月26日判決）では、Xの主張に沿った事実認定をした上、Yに対し慰謝料の支払いを命じており、第1審と控訴審とで、セクハラ行為の存在の認定そのものに関し、逆の判断がなされていることからみても、セクハラの事実認定の難しさが窺えるところである。

イ　被害者の抵抗、告発の有無

セクハラのうちでも特に悪質である強姦や強制わいせつ行為（これらはセクハラの域を超えた重大な犯罪であるが、ここでは一応セクハラの範疇に含めている。）を受けた女性は、必ずしも行為者に対して反発や憎しみの感情を露わにするとは限らず、かえって表面上は普段と変わりなく過ごしたり、行為者を気遣ったり、自責の念から行為者に謝罪したりすることも見られることから、セクハラ被害者が抵抗したり、直ちに告発的な行為をしなかった

16

からといって、その事実を受け入れているとは限らないと考えられる。

① 昼間、事務所内でのセクハラ

これについては、建設会社の女性従業員X（原告）が事務所で営業所長Y（被告）からわいせつ行為を受けたとされる事件について、米国での研究成果を基に、「脅迫又は強姦の時点において、逃げたり、声を上げることによって強姦を防ごうとする直接的な行動を採る者は一部であり、身体的又は心理的麻痺状態に陥る者、どうすれば安全に逃げられるか又は加害者をどうやって落ち着かせようかという対応方法について考えを巡らすにとどまる者、その状況から逃れるために加害者と会話を続けようとしたり、説得しようとしたりする者があると言われ、逃げたり声を上げたりすることが一般的な対応とは限らないといわれていること、したがって、強姦のような重大な性的自由の侵害の被害者であっても、全ての者が逃げ出そうとしたり、悲鳴を上げたりするなど身体的抵抗をするとは限らないこと、特に職場においては、上下関係による抑圧や、同僚との友好関係を保つための抑制が働き、これが被害者が必ずしも身体的抵抗という手段を採らない原因として働くことが認められる。」として、逃げたり、悲鳴を上げたりしなかったことが、わいせつ行為を受け入れたことにはならないと判断したものがある（東京高裁平成9年11月20日判決）。もっとも、この事件の第1審では、昼間の事務所で20分もの間、XがYのなすがままにされていたとは考え難く、外に逃げるとか、悲鳴を上げて助けを求めるとかもできたはずなのに、そのような行動を採らなかったXの供述は信用できないとして、Xの請求を棄却している（横浜地裁平成7年3月24日判決）。

② 会員制クラブに連れ込んで部下女性にわいせつ行為

日銀の女性行員X（原告）が、支店長Y（被告）の誘いで飲食した後、会員制クラブに行き、キスや身体への接触を受けた事件がある（京都地裁平成13年3月22日判決）。

判決では、XがYを押しのけたり、蹴飛ばすなどの物理的な拒絶行為には出なかったものの、密室において断固たる拒絶行為に出た場合、男性であるYがどのように出るのか不安に感じるのが自然であり、また、最高責任者との決定的な対立を避ける行動に留めたことはやむを得ない対処方法

であったとして、合意に基づくとのYの主張を斥けて、Y及び銀行に対し、Xの退職に伴う逸失利益（466万円余）、慰謝料（150万円）等の支払いを命じた。

　また、校長が女性教諭に対し、車内でキスや胸部への接触をした事件（千葉地裁平成30年9月25日判決）では、女性教諭が明確な拒絶行動は採らなかったものの、それまで、両者が特に親密とまではいえなかったこと、両者がいずれも既婚者であること、その行為後、教諭の校長に対するメールの表現が距離を置いたものに変わっている（以前はハートマーク絵文字を使用するなどしていた）ことなどから、教諭の同意を否定し、校長に対する懲戒免職処分を適法と認めた（退職手当については一部支給を命じた。）。

ウ　被害者の録音、メモ、日記、供述等の信憑性

セクハラの事実認定については、第1審と控訴審とで全く異なった見解を示すことが少なからず認められることからみても、その難しさが窺い知れるところである。また、事実認定に当たっては、録音やメモ、日記などを証拠として提出されることが少なくないが、メモや日記の場合、後から書き込むことも可能であることから、その信憑性を巡って争いになる場合もあり、主張する事実に比して記載内容が簡単すぎる（名古屋地裁平成14年1月29日判決）、日記として異例であるから信用できない（福岡高裁平成19年3月23日判決（原審　福岡地裁平成17年3月31日判決。4⑵ア②））など、メモや日記の信憑性が否定された事例もある。

　録音の信憑性が問題とされた事例として、セクハラ行為のあった後日、会話の中で行為者がセクハラ行為について謝罪するような発言をしたことが事実認定の有力な根拠とされた事件もある（東京地裁平成12年3月10日判決）。

　この事件は、設備会社（被告）の女性従業員X（原告）が、代表取締役Y（被告）から、日頃より卑猥な発言をされたり、ポルノビデオを見せられるなどした上、事務所で2人だけになった際、Yから羽交い締めにされたり、抱きつかれたりするなどしたとして労政事務所に相談したところ、強姦未遂事件をでっち上げたこと、経理情報を不法に流したことなどを理由に解雇されたものである。Xは、解雇は不当であり、Yのセクハラ行為によって精神的苦痛を被ったとして、Y及び会社に対し、慰謝料300万円を含む約500万円の損害賠償を

請求した一方、Y及び会社は、名誉を毀損されたとして、Xに対し各300万円の損害賠償を請求した。判決では、事実関係について、Xの陳述が具体的で、早期に労政事務所に相談しているところ、短期間にこれだけの多数の事実を捏造したとは考え難いとして、Xの主張を事実と認め、Yによるセクハラが長期に行われてきたこと、Xがストレス障害を発症したことも考慮して、Y及び会社に対し、慰謝料180万円を含む総額300万円余の損害賠償の支払いを命じた。

この事件の特徴として、Xは労政事務所の示唆を受けて、Yとの会話を録音したことが挙げられる。この中では、強姦未遂についての会話が交わされたところ、Yは有効な反論をしておらず、謝罪とみられる発言までしており、そこでのXの発言をつなげれば、ほぼ請求原因の事実と一致し、矛盾が見られないとして、強姦未遂の事実を認定している。なお、Yは強姦未遂を認めたかのような発言をしたのは、Xの背後に誰かいると感じ、Xの出方を探るために適当な受け答えをした旨主張したが、取り上げられなかった。セクハラ行為について、リアルタイムではなく、後日の会話を事実認定の根拠とした珍しい事例といえる。

エ　黙示の合意についての判断

日頃は友好的な関係であったものが、あることを切掛けに険悪となり、以前に遡ってセクハラ行為を理由に慰謝料等を請求した事件がある（千葉地裁平成12年1月24日判決）。

この事件は、病院長Y（被告）が、日常の挨拶等の中で看護婦の身体をタッチすることなどを繰り返し、車内で看護婦X（原告）の胸や大腿を触るなどしながら、特段トラブルが表面化していなかったところ、患者への対応を巡ってXとYが対立し、YがXに対し「お前は俺の言うことを聞いていればいいんだよー」と怒鳴りつけたことから関係が悪化し、XはそれまでのYの行為をセクハラであるとして慰謝料を請求したものである。判決では、Yが日常的にXの臀部に触っていたこと、車内でも身体を触っていたこと、これらを病院長という立場を利用して行っていたことを認定し、Yに対し慰謝料80万円の支払いを命じた。

第2章　裁判例から見たハラスメントの状況

オ　性的関係についての合意の有無

一方、性的関係を持った事実自体には争いがなく、その性的関係が合意によるものか否かが争われた事例がある。

①　社長及び店長と並行して性的関係

質屋業を営む会社（被告）の代表取締役Y₁（被告・30代前半・既婚）が、正社員となる予定のアルバイト女性X（原告・20代前半）の悩みを聞くため、夜11時過ぎにX宅を訪問し、飲酒しながら雑談してXの身体に触るとXもこれに応えたことから性交渉に至った事件がある（東京地裁平成24年1月31日判決、東京高裁平成24年8月29日判決）。

Xは、店長Y₂（被告・30代前半・未婚）とも性交渉を持っており、そのことを知ったY₁は以後Xとの性交渉を止めた。Xは、その後会社の会長から、既婚のY₁と性交渉を持ったことについて批判され、50万円を受け取って退職したが、Y₁及びY₂に強姦されたとして、被告らに対し、逸失利益7931万円余、慰謝料1000万円等を請求した。

第1審では、XとY₁、Y₂との性交渉はいずれも合意の上であるとしてXの請求を棄却したが、控訴審では、Xは翌年入社予定で会社にアルバイトとして入社した者であるのに対し、Y₁は会社の代表者であるから、Xがその要求を拒絶することは心理的に困難であったとして、性交渉を不法行為と認め、Y₁及び会社に対し、慰謝料等330万円の支払いを命じた。一方、Y₂との性交渉は自由意思に基づくものとして、Xの請求を斥けた。

②　上司と月1回程度の性的関係

葬儀会社（被告）に勤務する女性X（原告）が、統括本部長Y（被告）から、執拗にドライブや飲食に誘われ、月に1回程度性交渉を持ち、社内でも身体に触られるなどし、これを拒否すると、Yから仕事上の嫌がらせを受けるなどした事件がある（東京地裁平成24年6月13日判決）。

Xは、その後Yにセクハラをしない旨誓約させたが、更にわいせつ行為を繰り返され、心身の不調を生じて休職し、休職期間満了により退職となったことから、Y及び会社に対し、逸失利益2年分、慰謝料1500万円等を請求した。一方、被告らは、Xが積極的に性交渉を持ったこと、Xが「二番目の女は嫌だ」という発言を繰り返したことからみて、両者の関係は不倫

であるとして、セクハラの成立を否定した。

判決では、力関係からして、XはYの指揮命令を受ける立場にあったから、両者の関係は合意に基づく不倫関係とはいえ、Yの行為を不法行為と認める一方、Xはかなりの社会経験を有する（30代後半・子供有）女性であるにもかかわらず、Yからのセクハラについて相談をしていないこと、録音によれば、XもYの性的発言に調子を合わせているところもあることなどから、日頃の職場における性的言動や仕事上の嫌がらせなどを考慮し、慰謝料等220万円を認める一方、逸失利益についてはXの請求を斥けた。

③ 行為者との性的関係の継続、性的関係後の親密なメール等

女性が、男性上司と継続的に性的関係を持ったほか、日常的に自宅への来訪や身体的接触を求めるメールを送信しながら、関係が悪化した後、女性の訴えによってその上司が懲戒処分を受けた事件がある（長野地裁平成30年6月29日判決）。

この事件は、市役所の係長X（原告）が、女性臨時職員Zと市のイベントの打ち上げを契機に親しくなり、ZはXを自宅に招くようになって、その後自宅の鍵を渡すなどして頻繁に性的関係を持ち、併せて、日常的に来訪、身体的接触、金銭贈与の要請を含むメールを大量に送信したこと、XがZに毎月4～5万円の経済的援助をしていたことなどがXの妻の知るところになって、Xが関係の解消を求めたものである。Zは、その後もXとの関係の継続を切望する意思を表明したほか、Xの自宅を訪れて妻と別れることなどを要求したが受け入れられなかった。そこでZは、Xから強引に性的関係を結ばされた旨市に対し訴え、Xを強姦罪で告訴した（嫌疑不十分で不起訴）ほか、Xを相手方として損害賠償を請求したが、性的関係は合意によるものとして請求は棄却された（第1審で判決確定）。市長は、本件性的行為は、Xが上司としての立場を利用してZの意思に反して性的関係を強いたとして、Xを停職6ヶ月の懲戒処分としたところ、Xはその取消しを求めた。判決では、Zは性的関係を持った後も、Xに対し、身体的接触を求めるメールの送信、自宅の鍵の交付、金銭の要求などをしていることに照らして、本件性的関係は合意によるものであるとして、懲戒処分を取り消した。

第2章　裁判例から見たハラスメントの状況

　性的関係の合意の有無について争いがあった場合、女性の主張が認められることが通常であるが、本件は珍しく、損害賠償請求訴訟においても、懲戒処分取消請求訴訟においても、男性の主張が認められている。その理由としては、性的関係を持って以降1年半にわたって、Zが自宅への来訪や身体的接触を求めるようなメールを頻繁に送信していたこと、金銭の交付を受けていたことが挙げられるが、市は、こうしたメールの存在などを知りながら、なぜ、Xが立場を利用して性的関係を持った旨認定したのかは疑問である。

4　セクハラ行為の類型

　均等法11条2項に基づく性的言動指針によれば、セクハラには、「対価型」と「環境型」とがあるとされており、対価型セクハラとは、「職場において行われる労働者の意に反する性的な言動に対する労働者の対応により、当該労働者が解雇、降格、減給等の不利益を受けること」、環境型セクハラとは、「職場において行われる労働者の意に反する性的な言動により労働者の就業環境が不快なものとなったため、能力の発揮に重大な悪影響が生じる等当該労働者が就業する上で看過できない程度の支障が生じること」と定義され、更にそれぞれ次のような具体的な例を挙げて説明している。

⑴　対価型セクハラ

・事務所内において事業主が労働者に対して性的な関係を要求したが、拒否されたため、当該労働者を解雇すること。
・出張中の車中において上司が労働者の腰、胸等に触ったが、抵抗されたため、当該労働者について不利益な配置転換をすること。
・営業所内において事業主が日頃から労働者に係る性的な事柄について公然と発言していたが、抗議されたため、当該労働者を降格すること。

　上記のように、対価型セクハラは、これを受けた労働者の対応により不利益を受けるものとされているが、逆に利益を与えることを条件に性的関係を要求するような場合も、やはり対価型セクハラの範疇に含めるべく、性的言

動指針を改正することが望ましい。

　対価型セクハラとは、職場において優越的地位にある者が、その地位を利用して行うものであるから、特に悪質といえるが、では具体的にどのような事例があるかといえば、裁判で争われたものに限れば、企業においては明示的なものはほとんど見られない。ただ、上司が部下に対して性的な要求をするような場合、拒否した場合の不利益や受諾した場合の利益を明示しなくても、部下としては「これを拒否すれば何らかの不利益を被るのではないか」などと不安にかられる可能性があるから、対価型セクハラの要素を有しているとはいえる。

　企業において、明示的に条件を示して性的関係を迫ったものとしては、女性従業員（原告）が入社直後から、社長（被告）から、「セックス要員として雇った」などとして日常的に関係を迫られながらこれを拒否し続けていたところ、入社１年後、社長から、「君は社長室の主任、次は課長、役員だ。ただしセックスが条件」と迫られ、その後性交渉の業務命令を拒否し続けると、「俺の寵愛を断ったら終わりだ」、「仕事ができない」、「頭がアホだ」などと激しく罵倒されて退職を余儀なくされた事例があり（京都地裁平成19年４月26日判決）、判決では、慰謝料300万円、逸失利益273万円等合計630万円の損害賠償を認めている。ただ、この事件は、社長がセックスしたさに、勢いで迫ったとみられるところがあって、真に利益供与を条件としたセクハラといえるかどうか疑問はある。

　このように、企業においては明示的な対価型セクハラは殆ど見られないが、これが多く見られるのが大学である。大学の教官は、学生に対する単位の付与、論文指導といった個々の学生に対する強い権限を有しているため、(ⅰ)この権限を利用してセクハラ行為を行う、(ⅱ)セクハラ行為に抗議した学生に対して、単位の付与をちらつかせて抗議を押さえ込もうとするなどの行為が見られる。(ⅰ)に当たるものとしては、男性助教授（被告）が、女性助手（原告）に対し、論文の指導に当たって、身体への接触行為等を繰り返し、原告から不安神経症で通院していると打ち明けられるや、これを奇貨として性的関係を結び、原告が距離を置きたいというと、論文の書き直しを命じ、指導を離れた後においても、嫌がらせを続けた事件（第１審、控訴審とも慰謝料

第2章　裁判例から見たハラスメントの状況

750万円）（仙台地裁平成11年5月24日判決、仙台高裁平成12年7月7日判決）、助教授（原告）が、卒業した女性に対し交際を求め、就職の世話をするといって性交渉を行い、その後女性が性交渉を拒否すると、性交渉について口止めするとともに、女性の勤務について脅迫するなどして交際を強要して解雇された事件（解雇有効）（東京地裁平成17年4月15日判決）、助教授（原告）が、酩酊した女子学生をホテルに連れ込んでわいせつ行為をし、その後交際を求め、断ったら友人らの卒論を取り消すなどと迫り、6ヶ月の停職処分を受けた事件（鳥取地裁平成16年10月12日判決）がある。また、(ii)に当たるものとしては、助教授（被告）がコンパで女子学生（原告）にわいせつ行為をし、これに抗議した原告ら女子学生に対し、わいせつ行為については謝罪したものの、抗議のやり方が不当だとして、単位を与えないかのような発言をしたことにより慰謝料を請求された事件（第1審慰謝料等33万円、控訴審慰謝料等90万円）（津地裁平成10年10月15日判決、名古屋高裁平成12年1月26日判決）がある。

(2)　環境型セクハラ

・事務所内において上司が労働者の腰、胸等に度々触ったため、当該労働者が苦痛に感じてその就業意欲が低下していること。

・同僚が取引先において労働者に係る性的な内容の情報を意図的かつ継続的に流布したため、当該労働者が苦痛に感じて仕事が手につかないこと。

・労働者が抗議をしているにもかかわらず、事務所内にヌードポスターを掲示しているため、当該労働者が苦痛に感じて業務に専念できないこと。

　環境型セクハラの中心となるのは、卑猥な言動、身体への接触であり、これらの事例は数多く見られ、これらが複合するものも少なくないが、代表的なものとしては、次のようなものが挙げられる。

ア　卑猥な言動

① 上司からの極度に卑猥、侮辱に当たる言動

　女性従業員が、上司等から聞くに堪えない卑猥な言葉を投げつけられ、侮辱を受けるなどした事件がある（和歌山地裁平成10年3月11日判決）。

　この事件は、青果卸売を営む会社（被告）に勤務する女性従業員X（原告）が、日常的に役職員から「おばん、ばばあ、くそばば」等と呼ばれ、性器

やわいせつ行為について露骨な表現で揶揄されたり、体型を不細工と言われたり、性器を日常的に触られたり、娘を狙っているかのようなことを言われるなどしたほか、Xが上司Y（被告）の帽子の前頭部に軽く触れたところ、Yは怒ってXをバインダーで殴るなどしたものである。Xは、これら一連のセクハラ行為及び暴力行為にについて、会社及びYを含む上司ら5人に対し、謝罪文と慰謝料100万円を求める調停を申し立てたが不調に終わったため、被告ら5人それぞれに対し500万円の損害賠償を請求した。

　判決では、被告らの行為は、Xの人格権を侵害する不法行為に当たるとして、被告ら各自に対し、慰謝料等110万円を支払うよう命じた。同判決では、特に被告らの「おばん」発言を取り上げ、Xの年齢（40歳代）、社内における立場等に鑑みれば、「おばん」という呼称は侮辱的といわざるを得ず、「ばばあ、くそばば」に至ってはXを辱める呼称以外の何物でもないと、被告らの発言を厳しく諫めている。

②　社長から卑猥な言動、退職強要

　女性パートタイマーが、社長から身体を触られ、卑猥な発言を受けるなどしたほか、退職を強要された事件がある（福岡地裁平成17年3月31日判決、福岡高裁平成19年3月23日判決）。

　この事件は、薬局（被告）に勤務するパートタイマーの女性X（原告）が、社長Y（被告）から、キスをされたり、身体を触られたりし、「初めてはいつ？」、「どうやって処理してるの？」などと言われ、ホテルに誘われたりしたほか、「代わりはいくらでもいる」などと言われ、その後、XがYの言動を同僚に話したところ、それを知ったYの妻から「あんたのせいで家族の人生を台無しにされた」、「あんたも楽しんだのだろう」、「うちの人がいやらしいことをしたことは想像がつくけど、あんたは黙っているべきだった」などと激しく罵倒された上、退職を申し渡され、その直後に退職したものである。Xは、Yのセクハラ行為及び妻の脅迫的言動によりPTSD（心的外傷後ストレス障害）に罹患して長期療養を余儀なくされたとして、2年分の休業損害額600万円及び慰謝料200万円をY及び薬局に対して請求した。

　第1審では、Yの各発言は、通常部下の女性と交わす会話の範囲を著しく超える露骨な性的表現あるいは地位を利用した強要的な発言であるとそ

第2章　裁判例から見たハラスメントの状況

の違法性を認めたほか、Yは妻の行動を制止せず、かえって妻に加担して解雇するに至ったことも不法行為に当たるとして、Y及び薬局に対し、慰謝料等560万円の支払いを命じた。これに対し控訴審では、Yによるセクハラ行為は認定できないとして、原審を破棄してXの請求を棄却した。その理由としては、(i)Xが証拠として提出したノートには、身内に関することを除くとYのことばかり記載されており、当時就職に直面していたこと、両親の離婚、友達への悩みの相談などの記載がほとんどないこと、解雇直前で記述が終わっていること等日記としては異例の形式であること、(ii)PTSDを発症するほどのセクハラを受けながら時給700円・1日4時間のパートを辞めなかったのは不可思議であること、(iii)コスプレ店に行ったとき警官が来たため逃げ出したとか、働いていたスナックで客に胸を触られたとか、女友達とラブホテルを見学に行ったとか、セクハラ被害に苦しんでいた者が加害者に対してこのような発言をすることは考え難いことなどを挙げている。また、YがXの行動を撮影したビデオには、Xが自動車を運転して勤務先に通い、買物をする様子が撮影されているところ、セクハラ行為によってPTSDを発症していることと符合しないこともその根拠として挙げている。

　ただ、控訴審判決で指摘するXの日記の問題についていえば、日記は極めて個人的なもので、その形式や内容は千差万別であろうから、その形式が裁判官の目から見て異例だとしても、それを理由にその信憑性を否定することはいかがかと思われる。また、Xが退職後、自動車で通勤したり、買物をしていたことをもって、即精神疾患を否定することはできないであろうし、仮にPTSDまでには至らないとしても、Yのセクハラ行為により傷ついたことは窺えるし、妻の理不尽な罵倒も、それ自体で十分慰謝料の対象となることからすると、請求を全面的に否定した判断は首肯しかねるところである。

　その他、卑猥な言葉を掛けた事例としては、運送会社の社長（被告）が、高校卒業後に入社した女性従業員に対し、「○ちゃんは処女か？」、「AVを見たことがあるか」、「○ちゃんはしたことないねんなー」、「わし、○ちゃんが欲しいねん」、「ホテルに行っても暗いからわからへん」などと言って、

26

慰謝料50万円の支払いを命じられた事件（大阪地裁平成７年８月29日判決）、広告の企画・制作等を業とする会社の女性従業員（原告）が、業務発注先の男性従業員（被告）から、風邪で休んだ後に出勤した際、「遊びすぎて変な病気をもらったんじゃないの」と言われ、一緒に食事をした際、「今度身体で払ってもらうからいいよ」、「色気がない、キャミソールを着ると良い」などと言われたほか、男性経験の有無を尋ねられ、強引にキスされるなどして退職し、被告が慰謝料70万円の支払いを命じられた事件（東京地裁平成15年８月28日判決）など多数見られる。

イ　身体への接触

① **上司から日常的な身体接触やつきまとい**

　女性従業員が、上司から日常的に身体を触られたり、卑猥な言葉を掛けられたりしたとされる事件がある（京都地裁平成18年４月27日判決）。

　この事件は、消費者金融会社（被告）に勤務する女性従業員Ｘ（原告）が、上司Ｙ（被告）から、①日頃から「おはよう」などと言いながら、肩、髪、背中を撫でるなどの行為を頻繁にされたこと、②勤務時間中、女子トイレ横で後から抱きつかれたこと、③食事会の際、隣に座って太股を撫で回しながら、「単身赴任は寂しいものよ」、「家で待っている愛人が欲しい」などと言われたこと、④Ｘが太股に触る手を払いのけた報復として、評価を下げられたこと、⑤Ｘを退職に追いやるような発言をされたことなどを主張し、これらの行為により心因反応を来して休業を余儀なくされたとして、Ｙ及び会社に対し、慰謝料等350万円及び休業中の賃金の支払いを請求したものである。判決では、頻繁な身体的接触、女子トイレ横での抱きつきについては不自然として認定せず、食事会でのセクハラ行為のみ認定し、Ｙ及び会社に対し、慰謝料等110万円の支払いを命じた。

② **上司が強引に身体接触、車内でのキス等**

　女性従業員が、会長から強引に身体を触られたり、車内でキスをされるなどした事件がある（東京地裁平成８年12月25日判決）。

　この事件は、広告代理店（被告）に勤務する女性従業員Ｘ（原告）が、会長Ｙ（被告）から、性的関係を強要されたほか、入院中に押さえつけられてキスをされたり、胸を触られたり、ドライブの際車内でキスをされ

たりしたことから、労政事務所に相談してYに謝罪文を要求したが拒否されたため、退職した上、会社及びYに対し損害賠償を請求したものである。判決では、Yの行為は、Xに対し性的に激しい不快感を与えるもので不法行為に該当するとして、会社及びYに対し、各148万円余の損害賠償を支払うよう命じた。

その他、身体的接触等が問題とされた事例としては、市立小学校の校長が、女性教諭に対し、自らの性器を露出しこすりつける、肩を組んで首筋に熱い息を吹きかけるなどして慰謝料50万円の支払いを命じられた事件（東京地裁平成8年4月15日判決）、建設会社の社長が、女性従業員を自宅に誘って抱きつく、車内で身体を触るなどして慰謝料200万円の支払いを命じられた事件（旭川地裁平成9年3月18日判決）、国立病院の洗濯長が、部下の女性職員の胸を触るなどし、これを拒否されると仕事を与えない等の報復をして慰謝料120万円の支払いを命じられた事件（神戸地裁平成9年7月29日判決）、コンピューター管理会社の従業員が派遣先の女性従業員に抱きつくなどして懲戒解雇された事件（解雇有効）（東京地裁平成10年12月7日判決）、社会福祉法人の事務局長が女性職員の自宅や職場の応接室で女性職員を押し倒し、キスを強要し、下着をはぎ取るなどして、慰謝料150万円の支払いを命じられた事件（福岡高裁平成12年1月28日判決）、大手運送会社のドライバーが、歓迎会の際、二次会のカラオケボックスで女性従業員をソファに押し倒してキスをし、スカートをめくろうとするなどしたほか、夫婦間のことについて卑猥な発言をし、会社と共に慰謝料等110万円の支払いを命じられた事件（大阪地裁平成10年12月21日判決）、給食会社のチーフが女性パート従業員の尻を触る、菜箸で乳首を掴むマネをする、胸を殊更見る、コンドームを見せるなどして精神疾患に追い込み、会社と共に慰謝料等306万円余の支払いを命じられた事件（さいたま地裁平成21年8月3日判決）、自動車販売会社の男性従業員がカラオケボックスで女性従業員を抱え上げるなどして暴行罪で罰金刑の略式命令を受け、慰謝料等120万円余の支払いを命じられた事件（福岡地裁平成28年12月22日判決）など多数見られる。

Ⅰ　セクシャルハラスメント（セクハラ）

③　女性が男性の身体に接触、キス等

　女性がセクハラの行為者となり、男性が被害者となった事例も見られる（東京地裁平成14年11月27日判決）。

　この事件は、女性管理者Ｘ（原告）が、宴会の際、酔って年下の男性社員らに対し、手を握ったり、腕を首に絡ませたり、ワイシャツにキスをしたり、股間を触ったり、後方から抱きつくなどしたほか、新人男性社員に対し、自分が何歳に見えるかなどを執拗に尋ねるなどし、更に女性部下らからもＸへの批判が多かったことから、解雇に至ったものである。判決では、部下に対するＸの態度が感情的で一貫性がなく、Ｘが原因で退職する者がいたほか、Ｘの物品要求について営業部員から苦情が出ていたことなども理由として、解雇を有効と認めた。

(3)　指針に示されたものとは別の切り口から見た類型

　性的言動指針で示された類型とは別の切り口から、特定の女性に対し、長期にわたって仕掛けるセクハラ行為（ストーカー型セクハラ）、複数の女性に対し、オープンな形で仕掛けるセクハラ行為（浅く広く型セクハラ）、偶発的な切掛けでセクハラに及んでしまったセクハラ行為（偶発契機型セクハラ）といった類型化も可能である。

　ア　ストーカー型セクハラ

　セクハラの多くは、男性が特定の女性に対して仕掛けるもので、それ自体元々ストーカー的な要素を有しているが、特に執拗に特定の女性に迫ったものを「ストーカー型セクハラ」として取り上げる。

①　TV局社員が見学女性につきまとい

　ＴＶ局の社員が、見学に来た女性にしつこく迫り、懲戒処分を受けた事件がある（東京地裁平成19年4月27日判決）。

　この事件は、ＴＶ局（被告）の社員Ｘ（原告）が、担当する番組のボランティアの女子学生Z_1の友人でＴＶ局を見学に来たZ_2に対し、飲食の後に抱きしめてキスをし、一人暮らしのZ_2宅に泊まらせるよう迫った上、Z_1に対しZ_2の連絡先を教えるよう脅すなどしたことから、その事実を知ったＴＶ局から半年間の停職処分を受けた上、別の部署に配転されたものである。Ｘは、

29

第2章　裁判例から見たハラスメントの状況

私生活上のことを理由として処分することは許されないこと、処分が重すぎることなどを主張して、TV局に対し、停職処分及び配転の無効確認を求めたほか、停職処分及び配転による精神的苦痛に対する慰謝料等280万円の支払い並びに謝罪広告の掲示を請求した。

判決では、Xの言動はTV局の信用を著しく毀損すること、Xは過去に暴力事件等の非違行為を行い、今後同様の事件を起こしたならば辞表を出す覚悟である旨の誓約書を提出していることなどを理由として、停職処分及び配転を有効と認めた。この事件は、セクハラ行為の相手が同じ職場で働く者ではないので、その意味でセクハラに該当するといえるか否かの問題はあるが、典型的なストーカー事例といえる。

②　同じ職場の若い女性職員につきまとい

男性職員が、同じ職場の女性職員につきまとい、訓告を受けるとともに配転させられた事件がある（東京地裁平成16年3月10日判決）。

この事件は、公的金融機関（被告）に勤務する50代の男性職員X（原告）が、同じ職場の20代の女性職員Zに対して贈物をする、結婚を申し込んで断られる、それ以後Zの自宅を訪れたり、電話をかけたりする、Zの交際相手と見られる者を脅したりするなどの行為を行って、訓告を受けた上、配転させられたことから、Xがこれらの取消しを求めたものである。判決では、Xの言動は常軌を逸しており、Xの態度に照らせば、訓告は相当であり、女性の少ない職場への配転も当然であるとして、Xの請求を棄却したが、Xの異常ともいえる言動からすれば、懲戒処分にも至らない訓告で済ませたことは、余りにも甘い対応という感を免れない。

③　部下の女性職員につきまとい、脅迫

部下の女性職員に対しつきまとい、脅迫するなどした事件がある（東京地裁平成24年10月25日判決）。

この事件は、財団法人（被告）の次長X（既婚・原告）が、部下の女性職員Z（既婚）にプレゼントをし、頻繁にメールで好意を示して飲食や買い物の誘いなどをしたが、いずれも拒否されたことから、自分との関係を夫にばらすなどとZを脅迫したものである。Xは、専務理事から、今後一切Zに関わらないように注意されたが、それにもかかわらず、その後も頻

30

繁にZに接触しようとし、Zやその夫との面会を求めてZの自宅付近を徘徊するなどしたことから、停職処分を受け、その取消しを求めた。判決では、Xは、専務理事から注意を受けて以降は、メールの送付や面会の要求がZの迷惑になることを認識していたのに、その後もZの嫌がる行為を繰り返してZに退職を決意させるとともに、適応障害に追い込んだとして、停職処分を有効と認めた。

④ 経営者が女性従業員に仕事よりも性的行為を要求

女性従業員が、経営者から執拗な性的行為を受けて退職に至った事件がある（東京地裁平成11年3月31日判決）。

この事件は、建材会社（被告）に勤務する女性従業員X（原告）が、取締役で実質的な経営者であるY（被告）から、繰り返し性行為を求める発言をされ、抱きつかれたり、押し倒されるなどしたほか、「仕事はしなくて良い、性行為専門」などと言われて服を脱がされ、姦淫されかかるなどしたものである。Xは、Yによる一連のわいせつ行為によって退職を余儀なくされたほか、精神的苦痛を受けたとして、Y及び会社に対し、1年分の給与総額500万円及び慰謝料を請求した。なお、Yは81歳でパーキンソン病を患い、そのため歩行も困難であったが、以前から若い女性を採用してはわいせつ行為を繰り返していたことから、Xはわいせつ行為を断って解雇された先輩から「Yと2人きりになるのは危険」と忠告を受けていた。判決では、Yの行為を不法行為と認め、Y及び会社に対し、慰謝料140万円と1ヶ月間の逸失利益の支払いを命じたが、逸失利益の額については、実際に受給していた月額40万円は仕事の内容に照らして高額過ぎるとして、賃金構造基本統計調査により算定した月額28万円余と算定した。

⑤ 大学教官が自宅で女子学生を婚約者と紹介

大学教官が、追試をすると言って女子学生を自宅に招き、母親らに「婚約者」と紹介した事件がある（東京地裁平成13年4月27日判決）。

この事件は、躁うつ病の大学教官Y（被告）が、女子学生X（原告）と相思相愛であるとの妄想を抱き、欠席した試験の追試を行うと言ってXを自宅に呼び寄せ、母親や知人に対し「婚約者」と紹介するなどしてXを困惑させ、その後もXに対し頻繁に携帯電話をかけて情緒不安定にさせ、通

学を困難にさせたものである。この事件では、Yは諭旨解雇処分を受け、XはYに対し500万円の慰謝料を請求する一方、Yは当時重度の躁うつ病であったから責任はなく、かえって、Xによるストーカー行為の捏造により解雇されて名誉を毀損されたとして、Xに対し1000万円の慰謝料を請求した。判決では、Yに対し250万円の慰謝料の支払いを命ずる一方、Yの請求は棄却した。

　セクハラ行為は、通常、性的要求、身体への接触、卑猥な言動が見られるが、本件はそのいずれにも該当しない（Xを婚約者と紹介し、家族や知人と共に温泉旅館で婚約祝いの宴席を設けたことが性的要求という見方もできるかも知れない。）。Yは、躁うつ病に罹患していたようであるから、その症状の現れということでもあろうが、母親や知人に対しXを婚約者と紹介することは驚きである。ただ、少なくとも母親はYの病状を知っていたであろうから、Yに紹介されたその日にYとXを温泉旅館に連れて行き、宴席を設けた神経が理解できない。もしかすると、結婚によってYの病状が改善することを期待して、結婚へのお膳立てをし、既成事実を作ってしまおうと考えた可能性もあり、仮にそうだとすれば、親子協同によるセクハラということになる。

⑥　税務署職員が税務調査先の女性従業員につきまとい

　税務署の職員が、税務調査の対象となった会社の女性従業員につきまとった事件がある（東京地裁平成29年12月13日判決）。

　この事件は、税務署に勤務する職員X（原告）が、税務調査の際、A社の女性従業員Zを見染め、その後度々A社に電話してZを名指しで対応を求めた外、突然A社を訪問してZと会話したが、その中には税務調査とは関係のない話題や、雑談としても明らかに不適当な話題、Zのプライバシーに関わる話題などが含まれていた。Xは、A社の税務調査終了後もZに複数回電話をかけ、更にZにお守りを郵送し、その後も電話をしたが、Zは退職した旨伝えられた。Xはその後もZの携帯電話に複数回電話をかけたところ、Zは警察に通報し、Xは警察から警告を受けた。税務署は、警察からの呼出しについてXから報告がなかったことを問題視し、Xは税務署の指導に従ってZに謝罪したが、一方、差別的な人事処遇を受けているこ

となどを国税庁長官宛てに書面で訴えた。副署長がＡ社の代表者及びＺと面談し、Ｚが恐怖心で税務署に行けない旨訴えられるなどしたこと、Ｘが一応反省を述べつつも、Ｚが誘って来たと責任逃れをしたこと、Ｘが興信所を使ってＡ社を調査し、あたかもＡ社やＺに陥れられたかのように主張したことから、税務署はＸを懲戒免職処分とし、Ｘはその取消しを求めた。

　判決では、Ｘが、税務調査の対象であるＡ社の従業員Ｚに対し、税務調査の記録等から自宅住所や携帯番号を把握するなど質問権の濫用があったこと、Ｚに強い不安感、恐怖感を抱かせたこと、反省の色が見えないことなどを理由に、懲戒免職処分を適法と判断した。この事件も、セクハラ行為の対象者が同じ職場で働く者ではないが、国家権力を濫用した点で、通常のセクハラ事件よりも一層悪質さが際立つ事件といえる。

⑦　女性従業員が顧客のストーカー行為により負傷、退職

　女性従業員が、顧客からのストーカー行為により負傷するなどして退職し、会社に慰謝料を請求した事件がある（東京地裁平成11年４月２日判決）。

　この事件は、育毛サービスを業とする会社（被告）の女性従業員Ｘ（原告）が、顧客Ｚのストーカー行為により傷害を負わされ、懲役刑を受けたＺの報復に怯えて退職を余儀なくされたとして、会社に対し安全配慮義務違反を理由に慰謝料500万円を請求したものである。判決では、会社は、傷害事件発生前はＺがＸに危害を及ぼすことを予見することが困難であり、傷害事件発生後は危害防止のための必要な措置を講ずべき義務が生じているが、Ｚの行動が電車の中にまで及び、暴力をエスカレートさせていたことからすると、会社が、Ｘの要求する店舗内の警報装置、Ｘの警報装置の常備の措置を採ったとしても、被害を防ぐことは困難であったとして、Ｘの請求を棄却した。

　最近、様々な職場で、顧客等職場外の者からのハラスメント行為が問題となっていることから、ハラスメント防止のための法制化の議論の中で、その対策が求められているところである。本件は、その議論のための有力な素材といえるが、顧客等のハラスメント行為の防止のために、使用者にどこまでの義務を課すことができるか、難しい問題を提起した事件といえる。

第2章　裁判例から見たハラスメントの状況

イ　浅く広く型セクハラ

アで挙げた事例とは対照的に、複数の女性に対して、オープンな形で仕掛けるセクハラも少なからず見られる。

①　多くの部下に対し職場で性的言動

管理職が、複数の部下女性に対し、デートに誘ったり、卑猥な言動を繰り返したりして解雇された事件がある（東京地裁平成12年8月29日判決）。

この事件は、製薬会社（被告）において15名の部下を持つ単身赴任の室長X（原告）が、多くの女性部下に対して、デートに誘う、「抱きたい、好きだから」とのメールを送る、執拗に食事に誘う、既婚女性に対して「昨日は燃えたのか」などとからかう、米国出張の女性に対し「金髪を見に行く」と言って同行を申し入れるなどの行為を繰り返したほか、男性部下に対し、「夜だけ相手にしてくれる女性を紹介してくれたら管理職にしてやる」と言うなどして、会社から自主退職を勧奨され、これを拒否したところ普通解雇されたことから、その取消しを求めたものである。

Xの行為は、その一つ一つを見れば、他愛ないおふざけとも見られるものも多く、かつ、ほとんどの女性がXの誘いを断っており、食事を付き合った女性も、特段の具体的な被害を受けていないこと、Xはそれまで懲戒処分を受けたことがないことから、判決では、「より軽微な処分を経ることなく解雇することはいささか酷であるとの感を持たないではない」と、いわば限界ケースであるとの認識を示しながら、それでも解雇には合理性が認められるとしてXの請求を棄却している。その理由として、会社側の事情としては、従前からセクハラ防止に熱心に取り組んでいること、すなわちクリーンハンドの原則を挙げており、一方、X側の事情としては、X自身がセクハラ行為を行った部下に対する退職勧奨を行った経験を有し、自己の言動の問題性を十分認識し得る立場にあったこと、反省の色が見られず、かえって犯人探し的な行動に走ったことを挙げている。

この判決は、使用者側については、日頃からセクハラに対して厳しい態度を取ること、行為者側については、セクハラ行為が問題とされた場合には速やかに謝罪をするなど反省の姿勢を明らかにして、間違っても、セクハラ行為を通報した者を探し回るような行為をしないことが重要であるこ

34

とを示している。

②　宴席で複数の女性部下に性的発言、侮辱

　支店長が、宴会の席で、部下の女性に対し、卑猥な言動をして懲戒解雇された事件がある（東京地裁平成21年4月24日判決）。

　この事件は、各種電動機器の販売等を営む会社（被告）の支店長X（原告）が、職場の慰安旅行の宴会で、(i)隣に座った女性の手を握ったり、2人で温泉に行こうと誘ったりしたこと、(ii)お酌をしに来た新人女性に対し、膝の上に座るよう言ったこと、(iii)日頃から知り合いの女性に「胸が大きい」などと言ったほか、どの男を選ぶかなどと質問したこと、(iv)男性社員5名とで一人の女性を取り巻くように座り、「色っぽくなった」、「パンツの色が見えそうだ」などと述べ、好みの男性は誰かと質問したこと、(v)先輩女性が(iv)の女性を庇おうとしたところ、「ばばあは関係ない、帰れ」と言った後、(iv)の女性に対し「誰がタイプか答えなければ犯すぞ」などと発言したことから懲戒解雇され、その取消しを求めたものである。

　判決では、Xの言動のうち、特に(ii)及び(v)は悪質であり、一連のXの言動が就業規則に定める「職務、職位を悪用したセクシャルハラスメント」に該当することは明らかとしながら、宴会での一連の言動は強制わいせつ的なものとは一線を画すこと、本件セクハラ行為は気の緩みがちな宴会で、一定の飲酒の上、歓談の流れの中で調子に乗ってされた言動として捉えることもできる面もあること、Xのセクハラは開けっぴろげに行われる傾向にあること、最も悪質な「犯すぞ」発言も、女性が好みの男性のタイプを言わないことへの苛立ちからなされたもので、真実、女性を乱暴する意思で発言したものではないこと、Xは会社に相応の貢献をし、反省の情も示していることを挙げて、懲戒解雇は重きに失して無効であると判示した。

　懲戒解雇が労働者に対する極刑に当たることから、その運用に当たって慎重であるべきことは当然だが、「酒の上のこと」、「元々の性格」と言わんばかりの理由付けについては、特に女性側からすれば、納得のいかない感を抱くのではないかと推測される。

③　市役所の管理職が複数の女性職員に対し性的からかい

　市役所の管理職が、女性職員に性的な内容を含む揶揄を繰り返し、懲戒

第2章　裁判例から見たハラスメントの状況

処分を受けた事件がある（大阪地裁平成18年4月26日判決）。

　この事件は、市役所の管理職X（原告）が、(i)女性職員が嫌がっているのに、自宅の場所や夫とのことをしつこく尋ね、「ちゃん」付けで呼び、「健康そのもの、顔もきれい、スタイルもいいし、頭も良い」などと話しかけて不快にさせたこと、(ii)ダイエットをしているという女性職員に「まだやせていない」などと指摘したこと、(iii)女性職員に「毎日同じ服を着ている」などと指摘したこと、(iv)女性職員が毛深いと話をしたところ、「どこの毛が毛深いの？下の方かいな」などと発言したことから、1ヶ月間減給10分の1の懲戒処分を受けるとともに、降格を伴う配置転換をされたものである。Xは、懲戒処分と配転の取消しを求めるとともに、市や上司らに対し慰謝料を請求した。

　判決では、Xの言動は地方公務員法の信用失墜行為に当たるとしながら、その悪質性は高くないとして減給処分を無効とする一方、配置転換は有効と認め、慰謝料請求は斥けた。Xは、懲戒処分を受けるに当たって、「犯人探し」をしていることから、一般的には「反省の情が薄い」とされ、情状が悪くなる傾向があるが、この事件ではその点は問題とされていない。

ウ　偶発的な契機によるセクハラ

セクハラは、通常、行為者が特定の女性に狙いを定めて行うもので、計画的であることが多く、あるいは計画的とまではいえなくてもある程度予測可能性のあるケースが多く見られるが、当初は、行為者としてもセクハラの意図がなかった（と推測される）にもかかわらず、被害者の言動、状況に触発されてセクハラ行為に及んだ事例も見られる。

① 酩酊した女性の言葉に乗ってホテルで性行為

　酩酊した女性が、タクシー車内で、帰りたくない旨の発言をしたことから、同行した男性が性的行為に及んだ事件がある（東京地裁平成9年1月31日判決）。

　この事件は、女性派遣社員X（原告）が、派遣先の歓迎会で強度の酩酊状態になったため、派遣先の男性従業員Y（被告）がXをタクシーで送ったところ、Xが車中で「まだ帰りたくない」旨の発言をしたことから、両者は下車してホテルに入り、ともにカラオケを楽しんだ後、Yが眠ったX

36

Ｉ　セクシャルハラスメント（セクハラ）

を力で抑え込んで性行為に及んだものである。Ｘはそのまま眠り、翌朝Ｙから交通費を借りて帰宅したが、その後精神的ショック等から出社せず、Ｙに対し、慰謝料300万円及び逸失利益300万円を請求した。

判決では、Ｙは、Ｘの車中での発言及びその後の行動（一緒にカラオケを楽しんだこと等）により、Ｘが真意から性交渉を求めていると思ったことが認められるとしながら、ＹはＸがかなり酩酊し正常な判断が出来ない状態にあると判断できたし、Ｘが性交渉を拒否する態度を明確にした以上、行為を直ちに中止すべきであったとして、Ｙに対し不法行為に基づく損害賠償の支払いを命じた。ただし、不法行為についてはＸの行為もその誘因となったとして、本来の慰謝料200万円の4分の1を減額した。

② タクシー内で酩酊した女性のスカートめくり

酩酊した女性が、同行した男性から、タクシー車内でスカートをめくられるなどした事件がある（東京地裁平成22年10月29日判決）。

この事件は、新聞輸送を専門とする会社（被告）に勤務する男性社員Ｘ1（原告）が、他の同僚3人及び女性派遣社員Ｚと共に飲みに行き、散会後、Ｚと同じ電車に乗ったところ、Ｚの気分が悪くなったために一緒に下車してＺを介抱し、タクシーで帰宅するＺに同乗したところ、横になったＺのスカートの裾を腰のあたりまでたくし上げ、下着が見える状態にしたものである。Ｚは、その後タクシー内の出来事を上司である管理室長Ｘ2（原告）に告げ、セクハラを訴えたところ、Ｘ2はＸ1を庇ったほか、Ｚから相談を受けたセクハラ相談室の相談員はこれに取り合わなかった。その後、Ｘ1の昇進が発表されたことから、Ｚは会社の体質に不信感を抱き退職したところ、Ｘ1は示談書を作成して、Ｚに慰謝料100万円を支払った。その後会社はＸ1を降格して年俸を引き下げ、Ｘ2も副部長から課長へ降格・年俸減額をされたことから、Ｘ1及びＸ2は、会社に対し、降格前の地位にあることの確認と差額賃金及び慰謝料（Ｘ1については300万円、Ｘ2については150万円）の支払いを請求した。判決では、Ｚの供述は信用でき、Ｘ1の行為はセクハラに該当するとして、Ｘ1の降格処分を有効と認め、Ｘ2も上司としての職責に相応しい責任を全うしなかったとして、降格処分を有効と認めた（給与減額については、請求を一部認容）。

37

第2章　裁判例から見たハラスメントの状況

③　泥酔女性をホテルに送り、わいせつ行為

　管理職が、泥酔した女性をホテルに送った後、そこで卑猥な行為を行ったとして懲戒解雇された事件がある（東京地裁平成22年12月27日判決）。

　この事件は、情報システムの企画等を営む会社（被告）において、出張してきた派遣会社の女性社員2名（Z_1、Z_2）を交えた勉強会を開催し、その後の懇親会の二次会でZ_2が酩酊したため、担当部長X（原告）が、Z_1及びZ_2をタクシーでホテルに送ったところ、車内でZ_2が嘔吐を繰り返したため、途中で下車してZ_2を背負ってホテルに到着し、Z_2をベッドに寝かせてZ_1と共に介抱した。その後Xは、その部屋でZ_1と飲み直すこととし、Z_1が帰るように促してもこれに応じず、ベッドでZ_1の頬や唇にキスをしたり、服の中に手を入れて身体を触るなどのわいせつ行為を行った。Z_1らは、帰社後、自社（派遣元）の上司らに被害を申告し、派遣元からの申し入れを受けた会社は、事実を確認した上で、Xを懲戒解雇したところ、Xは解雇の無効を主張するとともに、会社に対し慰謝料300万円を請求した。一方、会社は、Xのセクハラ行為によって事実関係の確認のために従業員に時間外労働をさせたこと、Z_2がショックのために勤務できなくなったために派遣元に損害賠償を支払ったこと、濫訴により損害を被ったことなどを主張し、Xに対し総額3298万円余の損害賠償を請求した。

　判決では、Xのわいせつ行為を認め、その悪質性からすれば懲戒解雇は相当としてXの請求を棄却する一方、Xのわいせつ行為によって会社は弁護士費用、派遣元に対する賠償等の損害を受けたとして、Xに対し273万円余の損害賠償の支払いを命じた。

　セクハラに関しては、会社はその事実確認のために、従業員に余計な負担をかけたり、弁護士等第三者に調査を依頼したりするなど、セクハラがなければ必要のなかったコストを負担させられる場合が多いが、このコストを行為者に請求する事例は珍しいといえる。

　上記①〜③は、いずれも女性が酩酊したために、周囲の男性がその女性を自宅やホテルに送る過程、あるいはホテルに到着した後に発生した事件であり、当初、それらの男性は、恐らく善意で女性を送り届けようとしたものと思われる。しかし、上記事件を見ると、酩酊した女性の姿を目の当

I　セクシャルハラスメント（セクハラ）

たりにしたり、女性から誘われるような言葉を聞いたりしたことから、理性のたがが外れて、セクハラ行為に走ったことが窺われる。

エ　レイプ及びそれに近い強制わいせつ行為

セクハラ行為の中でも、最も悪質なのはレイプであろう。レイプは、刑法177条の規定により懲役5年以上の刑に処せられる重罪であるから、これをセクハラの範疇に入れることが適切か否かは議論があるところであろうが、ここでは一応セクハラの一類型として取り扱うこととする。

①　女性スポーツ選手が協会の幹部から強姦

バドミントン選手が、協会の幹部と食事した後にホテルで強姦された事件がある（熊本地裁平成9年6月25日判決）。

この事件は、会社のバドミントン部に所属していた女性選手X（原告）が、県・市のバドミントン協会の要職にある県会議員Y（被告）と飲食をした後、ホテルに連れ込まれ性的関係を強いられたものである。Xはその後、愛している、結婚を前提として付き合いたいとのYの言葉を信じることによって惨めな気持ちが少しでも救われるような感じになり、またYの要求を拒めば選手としての将来が閉ざされる恐れがあると思って性的関係を続けたところ、Yから妻と離婚はできないと告げられた。Xは、心身共に疲れ果てバドミントン部を辞めたところ、Yは当初は謝罪の意向を示しながら、その後自由恋愛と主張し、かえって、Xに事務所のガラスと自動車を壊されたとしてXを告訴した。一方、Xはその後会社を退職し、Yによる強姦とその後の性的関係の強要による精神的苦痛に対する慰謝料500万円を請求した。Yは、性的関係以降もXの様子に変化はなく、その後も継続的に性的関係を続けていることからすると、最初は多少強引であったとしても、Xはこれを宥恕していると主張したが、判決ではこの主張を斥け、Yの行為は強姦に当たり、反省の情が窺われないとして、Yに対し慰謝料300万円の支払いを命じた。

②　大学助教授が車内で女性副手を強姦

大学の女性副手が、指導教官に車内で強姦された事件がある（仙台地裁平成11年6月3日判決、仙台高裁平成13年3月29日判決）。

この事件は、大学の女性副手X（原告）が、指導教官Y（被告）から頼

まれて、夜自動車で迎えに行ったところ、人気のない場所に駐車させられ、
交際相手Zの悪口を言われ、それでも交際を続けると答えると、殴る、髪
の毛を引っ張る等の暴行を受けた上強姦された（本件行為）ものである。
Yは、Xの両親から問い詰められて本件行為を認めたが、Zの女性関係を
非難し、Xの就職の世話をするなどと答え、自己の正当化を図ろうとした。
XはYを告訴したものの、Zから「悪いのはX」と非難されて告訴を取り下
げたが、その後大学に本件行為を報告したところ、大学はYに自主退職を
勧告し、退職しないことからYを戒告処分とした。XはYに対し、本件行
為及び両親やZに対する虚偽の供述に対する慰謝料等1177万円を請求した。

　第1審では、Yが、指導教官の立場を悪用して本件行為に及んだこと、
Xの両親にも虚偽の事実を述べて自己の行為の正当化を図ったことは極め
て悪質であるとして、Yに対し慰謝料等700万円の支払いを命じた。これ
に対し控訴審は、本件行為は計画的なものではなく、車内で話すうちに衝
動的に行われた多分に偶発的なものであり、Xも夜遅く人気のない場所で
Yと2人になったことは無警戒過ぎたこと、狭い車内で性的関係を結ぶに
はXのある程度の協力がなければ困難であり、Xには断固として拒否する
態度に欠けていたことを理由として、慰謝料等を230万円に引き下げた。

　本件における、控訴審の「Xにも相当の落ち度がある」といった判断は
到底納得し難いものであるし、何よりも問題なのは、大学の対応である。
大学は、本件行為を把握してYに退職を勧告したところ、Yがこれを拒否
したために戒告処分にしたわけだが、Xが告訴を取り下げたためにYは刑
事責任を問われなかったとはいえ、強姦という重罪を犯した者に対し退職
勧告をすること自体が甘すぎるし、いわんや、これを拒否したYを、懲戒
処分として最も軽い戒告で済ませるなどは言語道断といえる。なお、この
事件後、学生らが「性暴力裁判原告支援の会」を結成し、Yを「レイプ教授」
として、辞職を求めるなどしたことから、Yが名誉を毀損されたとして慰
謝料500万円の支払いと謝罪文の掲載を求めたが、Yを告発する機関紙の
配布は公益を図る目的でされたものであるなどとして、Yの請求は棄却さ
れた（仙台地裁平成14年3月14日判決）。

Ⅰ　セクシャルハラスメント（セクハラ）

③　国会議員が事務所内で秘書に強制わいせつ

現職の国会議員が、事務所内で、女性秘書に対し強姦に近いわいせつ行為を働いた事件がある（東京地裁平成9年12月24日判決）。

この事件は、現職の国会議員Y（被告）が、事務所において女性秘書X（原告）に抱きつき、頬を舐め回し、セーターをまくり上げて乳房を嚙むなどの行為をしたものである。Xはその後退職し、Xの夫は、Yに質問状を送付し回答を求めたところ、Yは当初「万死に値する」、「ワシは人間のクズ」などと述べたが、その後の選挙に当選して制裁を受けることなく要職に就いたことなどから、Xは、Yの行為により名誉を毀損され、家庭生活も脅かされ、退職を余儀なくされたとして、Yに対し、慰謝料等880万円を請求した。判決では、Xの雇用主であり、国会議員であるYが、その地位を利用し、有形力を行使してわいせつ行為に及んだことは悪質であり、一切謝罪をしていないことなどの事情を考慮して、Yに対し慰謝料等180万円の支払いを命じた。

その他、強姦による損害賠償の可否が争われた事案としては、外国法人銀行の支店長が、女性行員を自宅に呼び寄せて強姦に及んだもの（3(2)ア②）、また、強姦自体が裁判で争われたわけではないが、大学研究センターの所長（原告）が、女子学生を強姦した上、その後も長期間にわたりその学生の婚姻後においても性的関係を継続するなどしたものがある（京都地裁平成9年3月27日判決）(4)①参照）。

オ　覗き見、隠し撮り

セクハラとしては、わいせつな発言、性的関係の強要、意に反する身体への接触、わいせつな図画の配布等が一般的であるが、その他に、トイレや更衣室の覗き見や隠し撮りなどの行為も見られるところである。

①　女性更衣室内を隠し撮り

男性が女性更衣室の様子を密かにビデオ撮影した事件がある（京都地裁平成9年4月17日判決）。

この事件は、呉服の販売等を営む会社（被告）において、男性従業員が女性更衣室の様子を密かにビデオ撮影したことが発覚したことから、会社は更衣室内を撮影できないように措置し、その男性従業員を懲戒解雇した

41

第2章　裁判例から見たハラスメントの状況

ものである。女性従業員X（原告）は、この事件以来会社の雰囲気が悪くなったと感じ、朝礼において会社を好きになれないなどと発言したところ、社長Y1（被告）から「辞めて良い」との発言、専務Y2（被告）から、Xと男性従業員が男女関係にあるかのような発言をされ、Xはこうした状況から会社に居づらくなったこと、会社が何の措置もとらないことに不服を感じたことから退職し、被告らに対し、残退職金を含む損害賠償620万円余を請求した。判決では、Y2の発言は名誉毀損になるとして損害賠償を命ずるとともに、会社は職場環境を整える義務があるところ、女性更衣室でビデオ撮影をしていることに気付いたのであるから、誰がこれを行ったのかなどの真相を解明し再発を防止すべき義務があったにもかかわらず、ビデオカメラを逆さにしただけで、これを撤去するなどの措置を講じなかったことは不法行為に当たるとして、会社に対し214万円余、Y2に対し139万円余の損害賠償を命じた。

② トイレを覗かれたと抗議した女性に退職強要

　男性に女性トイレを覗かれたとして、会社に対応を求めたにもかかわらず、適切な対応がなされなかったことから、女性が反抗的な態度を取るに至り、退職に追い込まれた事件がある（仙台地裁平成13年3月26日判決）。

　この事件は、自動車販売会社（被告）に勤務する女性従業員X（原告）が、女性トイレ内に隠れていた男性同僚を発見して店長に報告したが、店長は直ぐには特段の措置を講じず、その後覗き見をした従業員から事情聴取して結果をXに伝えたものの、Xに口止めをする以外の措置を講じなかったことから、その後Xは店長に対し、反抗的な態度（挨拶をしない、お茶を出さない、指示を受けると睨む等）を取るようになったものである。Xのこうした態度により職場秩序が乱れたとして、人事部長はXに対し、「男性なら転勤もあるが、女性なので辞めていただく」と退職を勧告し、Xはこれを受けて退職したものの、その半年後に、会社に対し、慰謝料1000万円を含む総額1584万円の損害賠償を請求した。

　判決では、女性トイレの構造に欠陥はあったものの、その欠陥は本事件が発生して初めて明らかになったものであるから、会社に職場環境整備義務違反があったとはいえないとした上で、店長には誠実・適正な事実調査

42

を怠った過失があるとして、会社に対し慰謝料等350万円の支払いを命じた。ただ、Xが、セクハラ以降いつまでも店長に反抗的な態度をとり続け、支店の経営に支障を来しつつあったことからすれば、人事部長の発言が不相当とまではいえないと、覗き見以降のXの態度を問題にしている。それにしても、仮にXの態度に責められるべき点があったとしても、人事部長とXとの力関係からすれば、人事部長の「辞めていただく」発言は、単なる退職勧奨に止まらず解雇通告と見るのが自然であり、露骨な男女差別発言がなされたことからすれば、この点を問題にしなかった判決には疑問が残る。

③ 上司がオフィス内で部下の姿を隠し撮り

　上司が女性部下につきまとい、その姿を隠れて撮影するなどして退職に追い込んだ事件がある（東京地裁平成15年6月9日判決）。

　この事件は、40代後半の男性部長Y（被告）が、20代の女性部下X（原告）に対し、長期にわたってつきまとい、「貴女の笑顔が僕を元気にする。元美少年より」とのラブレターを出したり、出張の際にホテルで特別な感情を持っている旨告白したり、Xが入院した際には連日一人で見舞いに行くなどして、Xを精神的に追い詰め、更に結婚を申し込むなどしたことから、Xは精神的に不安定になって1ヶ月ほど欠勤し、職場復帰すると、Yは隠れてXの身体をズーム撮影し、遂には退職に追い込んだものである。

　判決では、Yの行為はXの就業環境を悪化させる不法行為に該当するとして、Y及び会社に対し、総額約700万円と、セクハラ事件としてはかなり高額の損害賠償を命じている。この事件は、YがXに対して継続的なストーカー行為を行っているが、Xに決定的なダメージを与えたのは、職場復帰後、隠れて臀部、腹部、上腕部、脇の下周辺、大腿部、股間等を隠し撮りされたことであり、そのことは隠し撮りを知った直後からXが欠勤し、そのまま退職に至ったことからも窺える。Yは、本件撮影行為について、性的興味とは無関係であり、洋服を着た姿であるから被害の程度は大きくないと主張したが、判決では、洋服を着た姿ではあるものの、身体の各部位をズームアップさせたことは、女性に対して多大の恥辱感、屈辱感を与えることは明らかであると、Yの主張を一蹴している。Yは裁判になると、「可愛さ余って憎さ百倍」とばかり、「Xは平気で嘘八百並べて偽証する」などとX

第2章　裁判例から見たハラスメントの状況

を侮辱する発言をしたことから、これによって慰謝料の額が引き上げられた模様である。

④ 女性の着替えの様子を隠し撮り

女性従業員が、上司から着替えの様子を隠し撮りされた事件がある（東京地裁平成25年9月25日判決）。

この事件は、土木・建築事業会社（被告）の支店長Zが、紙袋に隠したビデオカメラにより、女性従業員X（原告）の着替えの様子を、複数回にわたり撮影し、これに気付いたXがカメラを持って警察に被害を申告するとともに、総務部長に一連の経過を報告したものである。この事件によりZは懲戒解雇されたが、Xは、会社が盗撮行為を防止すべき雇用契約上の義務を怠り、盗撮行為をもみ消そうとする不誠実な対応をしたとして、会社に対し、慰謝料等200万円を請求した。判決では、本件盗撮行為は、Zの欲望を満たすためのもので、職務上の権限や地位を利用したものとはいえないから、「職務の執行につき」には当たらないとして、会社の損害賠償責任を否定し、Xの請求を棄却した。

勤務時間内におけるセクハラ行為、特に上司によるものについては、仮にその行為が私的な動機によるもので、業務の遂行と直接関わりのないものであっても、ほとんどの場合会社の使用者責任を認めているが、本判決は、これらの流れと異なる判断をしている点が特色となっている。ただ、本件の場合、元支店長と会社との間で訴訟合戦が行われ、その過程で会社が防犯のためのビデオカメラを設置し、そのカメラを使用してZが隠し撮りをしたものであるから、その経緯からして、単純な従業員個人の非行に比べて会社の使用者責任を認める余地は大きかったのではないかと考えられる。

(4) セクハラの行為者に係る名誉毀損

セクハラを巡る裁判としては、セクハラ被害者が、行為者又はその使用者に対し慰謝料等の損害賠償を請求する事例及びセクハラ行為者が、セクハラ行為を理由とする解雇その他の処分の取消しを求める事例（これに加えて使用者に対し慰謝料等を請求する事例も多い。）が一般的であり、本書でもこれらの事例を中心に取り上げているが、この外に、セクハラ行為を世間に

Ⅰ　セクシャルハラスメント（セクハラ）

周知された者が、これを周知した被害者、報道機関等に対し、名誉毀損等を理由として慰謝料等を請求する事例も少なくない。この類型に属するものは、次の通り大学に多く見られるところである。

ア　大学における事件

①　セクハラ行為を新聞で発表され名誉毀損を主張

　大学教授が、セクハラ行為を新聞で公表され、その手記を書いた教授に対し、名誉毀損に基づく損害賠償を請求した事件がある（京都地裁平成9年3月27日判決）。

　この事件は、K大学の研究センターの所長（教授）X（原告）が、同大学の女性教授Y（被告）による、大学の新聞へのXのセクハラ行為についての手記の掲載、シンポジウムにおけるXのセクハラを非難する文書の配布などにより、所長を辞任し、更に教授も辞任して出家をした挙げ句、Yの手記や配布文書の記載事項は真実ではなく、これにより社会的信用を失墜したとして、Yに対し慰謝料1000万円を請求したものである。大学に設置された勤務環境調査改善委員会の調査の結果を見ると、Xは秘書に応募したZ_1に対し、添い寝も秘書の仕事という趣旨の発言をし、Z_1が採用を断ると、同研究センターに勤務していたZ_1の姉や同僚を辞めさせると脅迫したこと、秘書Z_2、Z_3らに抱きついて着衣を脱がそうとしたことが認められた。また、Xは、それより10年以上前に、当時学生であったZ_4を飲食後ホテルの部屋に誘って手を握り、Z_4がこれを振り払おうとすると、殴打と罵倒を繰り返し、性交渉に至ったことがあり、その後、Z_4は事務補佐員として同研究センターに勤務してXとの性交渉を婚姻後も継続し、この関係はZ_4が退職するまで約5年間続くという長期にわたる悪質なセクハラ行為も認められた。

　判決では、Z_4との関係におけるXの行為は「レイプ」というべきもので、更にその後続いた性的関係は、人事権を有するXによる暴力を伴うものであってセクハラに該当することを明らかにし、Z_4が5年間何の措置も採らなかったことを挙げて合意であったとするXの主張を斥けている。また、大学の新聞に、XのZ_1、Z_2らに対する行為は矮小であって、Xの家族の人権も侵害されているなどXを擁護する小論が掲載されたことから、Yは「セク

45

第2章　裁判例から見たハラスメントの状況

ハラは矮小な問題ではない」と、これに対する反論を掲載したもので、手記の内容は真実ないし真実と認めるに足りる相当な理由があるとして、Yの不法行為責任を否定し、Xの請求を斥けた。なお、Xはこの裁判に先立って、辞職の意思表示には瑕疵があるとして、文部大臣（被告）に対しその取消しを求めたが、辞職願はXの本意であるとして、その請求は棄却された（東京地裁平成8年8月20日判決）。

②　講師のセクハラ行為の通報につき誹謗中傷

　女子大学において、教官からセクハラを受けたという学生の訴えを学長に通報した講師が、他の教官から学生を扇動したなどと非難されるなどした事件がある（東京地裁平成14年3月29日判決、東京高裁平成15年11月26日判決）。

　この事件は、学校法人（被告）が経営するS女子大学において、男性非常勤講師Z1が学生に対し、学外での面会を求めたり、飲食を共にしたり、身体に触ったりするなどの行為を繰り返していたところ、学生から相談を受けた女性講師X（原告）が学長と面会し、学生の被害を申告し、大学はこれを受けて学生から事情聴取してXの申告内容を事実と認め、Z1との非常勤講師委嘱契約を打ち切ったものである。これについて、女性教授Z2は、講義の中で、学生らに対し、Z1のセクハラはなかったと主張するとともに、Xについて、学生を扇動してセクハラ事件をでっち上げて優秀な教員の首を切ったこと、副業で学生から高額の金を取っていることなどを挙げて、Xを激しく非難したため、XはZ2の使用者である法人に対し、慰謝料1000万円の支払いと謝罪広告の掲載を請求した。

　第1審では、Xが主張するZ2の発言は認定できないとしてXの請求を棄却したが、控訴審では、Z2の発言は、Xが、事実無根のセクハラ事件を捏造したこと、講師の立場を悪用して自己の経営するアカデミーの利益を図っていること、学歴、学問的業績に乏しいこと、講師の適性がないことなどを内容とするもので、Xに対する名誉毀損に該当するとして、Z2の使用者たる法人に対し、慰謝料200万円の支払いを命じた（謝罪要求については棄却）。

I　セクシャルハラスメント（セクハラ）

③　大学助教授のセクハラ行為が週刊誌に掲載

　大学助教授が、セクハラ行為を週刊誌に掲載されたことから、その情報を提供した女性、記者、週刊誌の発行者に対し、名誉毀損に基づき損害賠償を請求した事件がある（東京地裁平成18年5月23日判決）。

　この事件は、大学助教授X（原告・反訴被告）と性的関係を持ち、愛人になって欲しいと要請され、大学講師の職を斡旋すると言われていた女性Y1（被告・反訴原告）が、週刊誌宛てにXのセクハラ行為についてメール送信し、これを受けて行われた取材の中で、Xは記者Y2（被告）に対し嫌がらせを受けたのはむしろ自分である旨説明し、記事にしないよう求めたが、週刊誌に一連のやり取りが掲載されたものである。Xは、新聞社、この記事の編集に携わったY2、情報を提供したにY1対し、慰謝料等1217万円を請求するとともに、Y1からセクハラ行為をマスコミに公表するなど恐喝を受けたとして、Y1に対し別途200万円の損害賠償を請求した。一方、Y1は、Xが講師の職を紹介するとしてその見返りに交際を要求するなどのセクハラ行為を継続し、これらの事実を公表しないよう脅迫するなどしたとして、1210万円の損害賠償を請求する反訴を提起した。

　判決では、名誉毀損に関しては、本件記事において、Xの実名を出し、「私の人生を滅茶苦茶にしたセクハラ助教授」との見出しの下、記事では、Xが優越的な地位を利用してY1にわいせつな行為をし、教職の斡旋を条件としてセクハラ行為に及んだとのY1の主張を掲載する一方、Y1から脅されていたとのXの主張も併せ掲載されており、形式的にはXによるセクハラ行為を断定するものではないとしながら、記事全体としてはXがY1に対してセクハラ行為をしたとの印象を読者に与え、これによってXの社会的評価が低下し、名誉が毀損されたとの判断を示した。その上で、本件記事は公益目的に当たること、記事の内容は主要な部分において真実であること、記事におけるY1の意見ないし論評は相当であることから、Xに対する不法行為は成立しないとして、Xの請求を棄却した。

　一方、XのY1に対する一連の言動は、いずれもY1の性的自由に危険を及ぼし、人格権を侵害すること、本件性交渉は強姦とはいえないものの、XがY1の状況に乗じて行ったものであって、XはY1の人格権を侵害

し、度重なる電話や手紙についても、その内容や頻度に照らしてY1に社
会通念上許容できない不安感や不快感を与えたとして不法行為の成立を認
め、Xに対し慰謝料等110万円の支払いを命じた。Y1がXに対し、「場合に
よっては裁判で慰謝料を請求する」、「マスコミ関係者に相談する」などと
記載した手紙を送付し、XがY1に200万円支払った点については、Y1の
文書は些か度を超えている面は否定できないとしながら、XのY1に対す
る一連の言動に鑑みれば、違法とまではいえないとしている。

④ 女性研究員が指導教官のセクハラ行為を雑誌に提供

　女性研究員が、ホテルで指導教官からセクハラ行為を受けたとして慰謝
料等を請求した事件がある（秋田地裁平成9年1月26日判決、仙台高裁平
成10年12月10日判決）。

　この事件は、短大の女性研究員X（原告・反訴被告）が、出張先のホテ
ルで指導教官Y（被告・反訴原告）から抱きつくなどのわいせつ行為を受
けたとして慰謝料等550万円を請求する一方、Yは、単にXの両肩に手をか
けただけであると、わいせつ行為を否定するとともに、Xが民事訴訟を提
起したこと、刑事告訴したこと、雑誌にセクハラ行為に関する資料を提供し、
これが掲載されたこと等により社会的信用が著しく失墜したとして、Xに
対し慰謝料等333万円余を請求したものである。

　第1審では、雑誌に掲載されたXとYとの電話による会話内容は、強制
わいせつがあったことを前提としてのやり取りとは考えにくく、本件事件
の前後には強制わいせつを否定する方向での事情が数多く存在し、Xの対
応及び供述の内容に被害者の言動としては不自然な点が多々存在するとして、
Yがホテルの一室でXの肩に両手をかけたことが社会的に許容される行為
とはいえないとしながら、Yの損害賠償責任を否定した。一方、Xが、Y
によるわいせつ行為に関する手紙を県や大学の関係者に送付したこと、強
制わいせつ行為を内容とする訴状を提出したこと、強制わいせつ罪で刑事
告訴したことが認められ、Xが記者にYとの会話の録音テープ等の資料を
提供し、雑誌に「女性研究員に強制猥褻と騒がれた県立短大教授の長い憂
鬱」などの見出しで、YがXをホテルの一室で襲ったことを内容とする記
事が掲載されたことによりYの社会的信用が著しく毀損されたとして、X

に対し慰謝料50万円の支払いを命じた。これに対し控訴審では、Xの供述の方が信用できるとして、わいせつ行為につき、Yに対し慰謝料等180万円の支払いを命ずる一方、名誉毀損については、次のように、原審を破棄して、Yの請求を棄却した。すなわち、Xによる提訴、刑事告発は、その内容が真実である以上、いずれも正当な権利行使であるとした上で、関係者への手紙の送付については、事件の詳細が正確に述べられてはいないものの、殊更虚偽や誇張が含まれているわけではないこと、記者からの申込みにより取材に応じて情報提供したに過ぎず、内容は真実であること、Xは記事について何らかの影響を及ぼせるような地位にはなく、記事の内容構成は雑誌編集部の権限と責任において行われたことなどを理由に、Xによる名誉毀損を否定した。

　このほか、大学における名誉毀損事件としては、大学の教官が、女子学生にセクハラ行為（女子学生の上着をたくし上げ、その背中にクリームを塗ったこと、ホテルでの同室を迫ったこと、成人映画を見せたこと等）を摘示され、名誉を毀損されたとして、これを指摘した教官及び大学に対し、慰謝料等各1100万円を請求したところ、指摘されたことは基本的に公益目的で行われたものの、一部不正確な情報があったとして、慰謝料等6万円が認められたもの（東京地裁平成21年3月24日判決）、教授が会議の場で主任教授から女子学生に対するセクハラについて追及され、名誉毀損による慰謝料を請求したが、棄却されたもの（仙台地裁平成13年2月20日判決）がある。

イ　大学以外の場における事件

①　夕刊紙へのセクハラ記事の掲載

　夕刊紙にセクハラについての記事が掲載されたことから、その情報を提供した女性に対し役員が損害賠償を請求した事件がある（東京地裁平成19年12月5日判決）。

　この事件は、女性従業員Y（被告）が、執行役員X（原告）からセクハラを受けたとして、X及び会社に対して1000万円の損害賠償を請求した（別件訴訟）ところ、夕刊F紙が、XによるYへの抱きつき、キスなどのセクハラ行為を掲載したものである（本件記事）。これについて、Xは、本件

第2章　裁判例から見たハラスメントの状況

記事はXの社会的評価を低下させるものであり、名誉を毀損し、Yが興味本位の事実を娯楽として提供するF紙に情報を提供したことは不法行為に当たるとして、Yに対し慰謝料500万円の支払いと夕刊F紙への謝罪広告の掲載を求めた。

　判決では、本件記事は、「超人気ゲーム開発責任者」が元社員に対し、タクシー内で強引なキスなど不適切なセクハラ行為を行い、その後被害者が解雇を迫られた一方、行為者が不適切な行為により降格させられたとの印象を与えるとしながら、裁判中とも記載されているから、セクハラ行為を強調した見出しのみから名誉毀損の有無を判定できないこと、事実関係については、「訴状や本人の話によれば」、あるいは「という」との表現によって、事実としてではなく、Yの別件訴訟における主張であることが明示されていることから、一般読者が、Yが主張するセクハラ行為が真実と受け取ることはできないとして、Yの不法行為を否定し、Xの請求を棄却した。また、判決では、取材による新聞記事（本件ではF紙）によって第三者（同X）の社会的評価が低下した場合、当該第三者がその情報提供について被取材者（同Y）に対し不法行為責任を問うためには、情報提供と当該第三者の社会的評価の低下との間に相当因果関係が必要であるところ、一般に新聞記事は、提供された情報がそのまま記事になることはないから、被取材者の情報提供により第三者の名誉を毀損する記事が掲載され、これにより第三者の社会的評価が低下したとしても、通常は情報提供と第三者の社会的評価の低下との間に相当因果関係を認めることは困難であると指摘した。その上で、被取材者と新聞社が予め意を通じ、提供した情報又は発言内容がそのままの形で記事にすることを被取材者があらかじめ予見していたといった特段の事情が認められる場合に限り、上記相当因果関係を認めることができるとして、報道機関等に対する情報提供が不法行為に当たる場合を限定しており、本件の場合は、そうした特段の事情は認められないとして、Y及び新聞社の不法行為を否定したものである。

② 　政府高官が記者懇親会でセクハラ発言

　政府高官が、セクハラ発言をしたと週刊誌に掲載されたことから、出版社に対し、名誉毀損に基づく損害賠償を請求した事件がある（東京地裁平

成24年6月12日判決）。

　この事件は、総理官邸で開催された内閣総理大臣と内閣記者会との年末懇親会において、内閣官房長官Ｘ（原告）が、多数のグループとの写真撮影や握手に応じ、女性を含む記者グループと写真撮影をするため近づき、記者からの「もてていいですね」の声に応じる形で、「俺はもうだめだよ、もう立たないんだよ」という趣旨の発言（本件発言）をしたところ、そのことが週刊誌にセクハラ発言として掲載されたものである。本件発言の際、参加者の多くは笑って応じたものの、週刊誌Ｙ1及び同Ｙ2は、Ｘは女性記者Ｚに対し、自身の男性機能についてあからさまな表現で発言するというセクハラを行った旨の記事を掲載したことから、Ｘは週刊誌Ｙ1及び同Ｙ2を出版する各社に対し、それぞれ慰謝料1000万円の支払いと謝罪記事の掲載を求めた。

　判決では、本件発言は、「もてていいですね」との声掛けに応ずる形で笑いながらされたものであることに照らすと、「他愛もない軽口」と受け流す者も少なくないことが想像されるが、本件発言が向けられたＺは官房長官番記者であり、Ｘとの力関係において、不愉快な言動を受けても反発することが困難と考えられること、何より、露骨な性的発言は、これを不愉快に感じる女性は少なくなく、セクハラという問題は、そのような女性の立場に立って考えるべきものであることに照らすと、本件発言はＺに対するセクハラではないかと問題視されてもやむを得ないものであり、本件記事のうち、少なくとも「Ｘがセクハラと受け止められかねない言動をした」という限度において、名誉毀損を阻却する真実性の証明があるとして、Ｘの請求を棄却した。なお、同判決では、Ｚ自身は証人尋問の中で、本件発言をセクハラとは感じていないとの趣旨の発言をしていることから、その意味で、本件発言をＺに対するセクハラと断定することには疑問の余地もあるとしながら、本件各記事がＸの社会的評価を低下させる理由は、本件発言により相手の女性記者に不快感を生じさせたからではなく、政権の中枢にいるＸが、公的な懇親会の席で、セクハラと受け取られかねない言動をしたという客観的事実自体が、政治家として、人間としてのＸの見識を疑わせるものであって、Ｚの認識はセクハラの成立に影響を与えないとし

第2章　裁判例から見たハラスメントの状況

ている。

⑸　セクハラ行為の隠蔽

　セクハラは、これが明らかにされれば、行為者にとって極めて不名誉であり、場合によっては社会的地位を奪われるなど重大な事態に陥りかねない。最近相次いで起こった、事務次官や地方公共団体の首長らによるセクハラは、そのことを如実に示している。こうしたことから、セクハラの行為者が、様々な手口を用いてその隠蔽を図る事例が見られる。

①　市役所の管理職が部下のセクハラ通報を妨害

　市役所の管理職が部下の女性職員にセクハラ行為を働き、部下の管理職と共に、その事実を隠蔽しようとした事件がある（さいたま地裁平成17年11月25日判決）。

　この事件は、市役所の女性職員X（本訴被告・反訴原告）が、次長Y1（本訴原告・反訴被告）と出張した際、車内で身体を触られるなどして抗議したところ、その直後課長Y2（本訴原告・反訴被告）から担当を外れるよう命じられ、その後も、セクハラで騒ぐと今後仕事上不利益を受けることになるなどと恫喝されるなどし、Xが職員組合を通じてセクハラ相談員に相談したところ、Y2は、苦情処理委員会が開かれたら大変なことになると取下げを求め、Y1はセクハラがなかったことにするようXに圧力をかけたものである。Xは、その後調停を求めたがこれを取り下げ、苦情処理委員会に苦情相談をしたところ、Y1及びY2は、Xの損害賠償請求権及び謝罪請求権の不存在の確認を求める（本訴）一方、XはY1、Y2及び市に対し、慰謝料300万円を請求した（反訴）。

　判決では、反訴について、Xの供述は具体的かつ詳細で説得力に富んでいる一方、Y1の車内で握手したに過ぎないとする供述は納得し難く、苦情処理のもみ消し工作もあって信用性に乏しいとした上で、Y1による3回にわたるXの手を握るなどの行為は、いずれも権力関係を背景に、Xが容易には抵抗できない状況で行われており、セクハラに当たるとともに、Y2の行為は、Xの意思を抑圧し、セクハラを解決する機会を奪い、その苦痛を加重させたものであるとして、Y1の行為との共同不法行為を認めた。

52

I　セクシャルハラスメント（セクハラ）

その上で、本件不法行為が男女共同参画社会の実現に当たり範となるべき幹部公務員が行った行為であること等を考慮して、Y₁に対し120万円、Y₂に対し60万円の支払いを命じた。判決でも指摘しているように、XがY₁と2人だけで何回も出張していることは不自然であり、Y₁はその地位を利用して、恣意的にXとの出張計画を立てたことが窺える。

②　セクハラの隠蔽がウェブサイトに掲載

管理職のセクハラ行為を会社が隠蔽したことがウェブサイトに掲載され、会社及び行為者とされた者がこれを掲載した者に対し損害賠償を請求した事件がある（東京地裁平成30年3月29日判決）。

この事件は、自社の商品を代理店等を経由してユーザーに販売する事業を営む会社（原告）の営業本部長X（原告）が、夕食後、路上で代理店の女性Zの両肩を抱き、鎖骨部分を触るなどした（本件行為）ところ、Zは本件行為を拒否する言動はしなかったものの、その後本件行為がユニオン（被告）の執行委員長Y（被告）に伝わり、ユニオンが会社との団体交渉（団交）で本件行為についての対応を求めたものである。団交の中で、会社は、本件行為はセクハラに当たらないと回答し、以後これについての団交を拒否したことから、ユニオンはウェブサイトで、「X本部長のセクハラ発覚」（見出しa）、「会社隠蔽」（見出しb）との見出しで本件行為を公表するとともに、Yが株主総会でXの対応について質問するなどした。会社及びXは、本件見出し等は、会社及びXの名誉を毀損するとして、ユニオン及びYに対し、それぞれ慰謝料500万円を請求した。

判決では、本件見出しaは、実名はないにしても、関係者はXと理解できるから、Xの社会的評価を低下させること、本件見出しbは、会社が意図的にセクハラの事実を隠しているとの印象を与え、更に記載の内容からすると、会社及びXの社会的評価を低下させることを認め、本件見出し等の記載により、会社及びXの名誉が毀損されたとしながら、本件見出し等の記載は真実であり、正当な組合活動として社会通念上許容される範囲にあるとして、会社及びXの損害賠償請求を棄却した。

第2章　裁判例から見たハラスメントの状況

5　セクハラの使用者責任

⑴　使用者責任の意義、法的根拠

　職場においてセクハラ行為が行われた場合、その行為者が不法行為責任を負うことは当然として、その行為者を使用して事業を営む者（会社等）も責任を負わされる場合が多い。平成19年4月に改正・施行された均等法により、事業主によるセクハラ防止が、それまでの配慮義務から措置義務へと規制が強化されたところ、法律上、単なる配慮から具体的措置を講じるべき義務に変わったことにより、被害者にとってはセクハラについての使用者責任を問いやすくなったといえよう。

　セクハラ事件において、被害者が使用者責任を問う場合、法律的には、(i)民法715条1項の「事業の執行について」行われたものとして不法行為責任を問う方法、(ii)使用者にはハラスメントのない安全で快適な職場環境で労働者を就労させる義務があるところ、これを怠ったとして債務不履行責任を問う方法がある。このうち、(i)は伝統的な手法であるが、(ii)は元々労働災害事件で示された考え方で、使用者は労働契約に付随する義務として、その雇用する労働者を就労させるに当たっては、信義則上安全に配慮すべき義務（安全配慮義務）があるとするものである。これは、当初民法415条に基づく債務不履行責任の一種として構成されていたが、平成20年3月に施行された労働契約法（平成19年法律第128号）において、労働契約に基づく使用者の責任としてその5条に明確に位置付けられ、セクハラのみならず職場におけるハラスメントについて労働者の保護が図られるようになっている。

　不法行為の場合は、セクハラとされる行為について、被害者が行為者の故意又は過失を立証した上、更に使用者責任を問う場合には、その行為が「事業の執行について」行われたことを立証することが求められるのに対し、債務不履行の場合は、通常は、被害者が使用者との間に労働契約関係にあること、職務遂行に当たって被害を受けたことを立証すれば足りることから、一般的には債務不履行の方が被害者にとって立証が容易という利点があると考えられる。ただ、実際の事例についての裁判所の判断を見ると、被害者が具

54

体的かつ不自然でない主張をし、行為者又はその使用者がこれを否定する明確な反証を挙げられない限り、概ね不法行為責任が認められていることからすれば、理論的にはともかく、実務上は、時効の問題を除けば（不法行為責任は被害を知ってから3年で時効にかかる（民法724条）のに対し、債務不履行の時効は10年（民法167条1項））、それほど差はないといえる。

(2) 使用者責任が認められる場合

ア 使用者責任の判断基準

セクハラ行為についての使用者責任は、次の観点から判断される。

① セクハラ行為が「事業の執行について」行われたものか否か。

② 使用者は、日頃から従業員に対し、研修や会議等において、セクハラを許さない旨のメッセージの発信など、セクハラ防止措置を講じているか（事前措置）。

③ セクハラ行為が行われた場合、使用者は迅速かつ適正に事実関係を把握し、行為者の謝罪、処分その他再発防止措置を取ったか否か（事後措置）。

このうち、①については、裁判では「事業の執行について」を相当広く認めており、特に上司が部下に対して行ったセクハラについては、これに該当しないと認められるケースは非常にまれといえる。また、②については、セクハラ行為自体は「事業の執行について」に該当しないとしながら、使用者は日頃からセクハラ防止に何ら取り組んでいないとして使用者責任を認めた事例もある（鹿児島地裁平成13年11月27日判決）。更に③については、セクハラ行為（他のハラスメントも同様）の発生後、被害者からの相談への対応に問題があったとされる事例は多く、慰謝料額の算定に当たっては、通常、使用者の相談対応も考慮される。相談対応に問題があった場合、それがどの程度慰謝料の加算要素になるかは、通常は「総合判断」の一要素となるが、上司によるセクハラ行為について、市役所の新任女性職員がセクハラ相談担当の職員課長に救済を求めたところ、同課長は行為者を庇う態度をとり、被害者に対し誠実に対応しなかったとして、使用者（市）が、セクハラ行為に係る慰謝料（120万円）とは別に、職員課長の不誠実な対応について固有の慰謝料（80万円）の支払いを命じられた事例がある（横浜地裁平成16年7月

第2章　裁判例から見たハラスメントの状況

8日判決）。

　　イ　勤務時間中におけるセクハラに対する使用者の責任
　セクハラが我が国で問題とされるようになった当時、行為者が不法行為に
基づく損害賠償責任を負うことはともかく、その使用者が責任を負うことは
ないというのが、事業主サイドの一般的な認識であったと思われる（福岡地
裁平成4年4月16日判決、東京地裁平成11年3月12日判決）。ただ、裁判では、
当初から使用者責任については積極的に認める考え方が主流であり、こうし
た裁判例の積み重ねもあって、現在では、少なくとも裁判の場において、そ
の雇用する者のセクハラ行為について「会社は関知せず」との態度を明示的
に取ることは見られなくなったように思われる。ただ、使用者としては、「セ
クハラは一部の不心得者が勝手に行うものであって、その責任を負う謂われ
はない。」というのが本音ではないかと思われる。
　まず、勤務時間中に行われたセクハラ行為については、裁判では原則とし
て事業主の責任を認めている。事業主としては、勤務時間中従業員は本来職
務に専念すべき義務があるにもかかわらず、職務をサボった上、更にセクハ
ラ行為に走ることは二重の裏切りとの思いが強いと思われるが、勤務時間中
のセクハラ行為については、まず使用者責任を免れることはできないと考え
た方が間違いない。もっとも、勤務時間中のセクハラ行為であっても、事業
主の使用者責任が否定された事例が少数ではあるが認められる。一つは、病
院において、男性看護士が看護婦に対し、日頃から卑猥な言葉を掛けていた
ほか、深夜の仮眠中に看護婦の身体を触るなどしたもの（津地裁平成9年11
月5日判決）であるが、判決では、これらの行為は業務と関係がないとして、
行為者本人のみの責任としている。また、土木建築会社の支店長が女性部下
の着替えの様子をビデオカメラで隠し撮りした事件では、「個人の欲望」に
基づく行為として、会社の使用者責任を否定している（東京地裁平成25年9
月25日判決）。
　なお、「勤務時間中」の意味については、労働基準法上の労働時間は当然
として、それに留まらず、仕事が終わっての帰り支度中や、帰りのエレベーター
の中など、勤務時間に近接した時間についても「事業の執行について」に該
当するとして、使用者責任を広く認める判断がなされている（広島地裁平成

Ⅰ　セクシャルハラスメント（セクハラ）

15年1月16日判決）。

ウ　勤務時間外におけるセクハラに対する使用者の責任

　これに対し、勤務時間外のセクハラ行為の使用者責任についてはどのように判断されているのであろうか。事業主とすれば、「勤務時間中はともかく、勤務時間外は使用者の管理監督が及ばないのであるから、そこでのセクハラ行為にまで責任を負えるわけがない。」と考えるのが一般的であろうが、裁判では必ずしもその考えは通用しにくい状況にある。

　勤務時間外にセクハラが起こりやすい典型的な場所は酒の席であり、ここでのセクハラ行為について裁判で争われた事例は非常に多く見られる。酒席におけるセクハラ行為について、使用者にまで責任が及ぶか否かの判断については、ケースバイケースといえるが、上司が部下に加えたセクハラ行為については、相当広く使用者責任を認めている。特に、その酒席が職場ぐるみで参加することが期待されるような、いわば公的な性格を帯びたもの（職場旅行、送別会、忘年会等）の場合には、使用者責任が認められやすい（広島地裁平成19年3月13日判決）。

　もっとも、それら公的性格を帯びた酒席であっても、二次会、三次会と進むにつれて、通常は参加者が減少し、私的な性格が強くなるが、三次会後のセクハラ行為についても使用者責任を認めた事例がある（東京地裁平成15年6月6日判決）。

　この事件は、女性17名による新商品開発プロジェクトチームの発足式の後、専務取締役Y（被告）の音頭で全員が二次会のカラオケに行き、更に、Y、女性X（原告）及び管理職2名の合計4名で三次会が行われ、YとXの2名が乗った帰りのタクシーの中で、YがXに対し、抱きついたり、キスを迫ったり、性的要求をしたりしたものである。この事件では、Yが女性としてはX1名だけを三次会に誘ったこと、タクシー券を自ら管理し、部下を別のタクシーで帰らせて自分はXと同乗したという計画性が窺えたこと、Yが専務取締役という要職にあったこと、三次会のメンバーがいずれも会社の社員であり、仕事の話もしていたことなどから、会社の使用者責任を認めている。

　一方、職場旅行の懇親会が終了して一旦解散した後、女性職員X（原告）とその課長Y₁（被告）がホテル内でバッタリ出会い、他の者も交えてY₁の

57

部屋で二次会を行った際に、事務局長Y2（被告）がXに軽くキスした件については、その行為はセクハラに当たるが、「事業の執行について」には当たらないとしている（鹿児島地裁平成13年11月27日判決）。これが上記三次会後の事件と異なるのは、二次会が「偶然の出会い」から始まったことで、全体の懇親会の解散によって、事業の執行性についてはリセットされたと理解された点である。もっとも、この事件では、事業の執行性を否定しながら、事業主は日頃からセクハラ防止対策を何ら講じていなかったとして、使用者責任を認めたのは上記アの通りである。

　このように、勤務時間外の酒席等におけるセクハラについても、多くの場合、使用者責任が認められている。事業主が勤務時間外の従業員の行動についてまで管理監督する責任がないのは当然であるにもかかわらず、ことセクハラに関しては勤務時間外についても使用者責任を負うこととされるのはどのような理由によるものであろうか。裁判所としては、セクハラ被害者の保護を図る必要性からこのような考え方を取ったものと思われるが、「酒席の中で仕事の話もしていた」、「メンバーが全て社員であった」（東京地裁平成15年6月6日判決）、「酒席のセットが勤務時間内に行われた」（横浜地裁平成16年7月8日判決）などをその理由としている。このような理由付けは、セクハラ被害者の救済を優先させるものであって、その動機については理解できるものの、仮に、社外の人間が混じっていたら、仕事の話が出なかったら、酒席のセットが勤務時間外に行われたらどうなるかとの疑問が生じる。したがって、今後、勤務時間外に行われたセクハラ行為についての使用者責任の根拠については、更に深めていく必要があると思われる。

　一方、酒席におけるセクハラについての使用者責任を広く認める流れの中で、これを厳しく限定した事例も見られる（岡山地裁平成14年11月6日判決）。

　この事件は、小さなリサイクルショップにおいて、直属の上司Y1（被告）から勤務時間中日常的にセクハラを受けていた女性従業員X（原告）が、そのショップを統括する立場にある上司Y2（被告）にその件を訴え、X、Y1及びY2の三者での話し合いが行われ、その後XとY2が二人で飲食した後に、Xを自宅まで送ったY2が、自宅でXにわいせつ行為に及んだものである。判決では、Y2の行為を不法行為と認め、2年間の逸失利益520万円余及び慰謝

料100万円の支払いをY2に命じたものの、本件セクハラ行為は私的な飲食後にXの自宅で行われたもので、もはや実質的に職場の延長線上のものと認められず、Y2が上司としての立場を利用した形跡も窺えないなどとして、会社の使用者責任を否定している。ただ、XとY2との飲食は、Y1とのセクハラについての三者会談の後、Y2がXを慰める目的で誘ったことにより行われた経緯があることに照らすと、通常の私的な飲み会よりも業務遂行性が強いのではないかと考えられる。

エ　セクハラ行為後の使用者の対処による責任の程度

事業主としては、セクハラが生じないように日頃から万全の準備をしておく責任があるが、それでもセクハラを根絶することは至難の業である。性的言動指針においても、事業主にセクハラについての相談窓口の設置を求めているが、これは、いかに事前の防止措置を取ったとしてもセクハラは起こり得ることを前提としたものである。したがって、事業主としては、セクハラについて、事前の防止措置を講じることは当然であるが、それと併せて、一旦セクハラが起こってしまった場合の事後措置も重要となる。

セクハラに関する相談があった場合、窓口の担当者は、プライバシーに配慮しつつ、誠実に相談に応じることが求められるが、その際、事実確認に消極的であったり、事実確認もないまま行為者を庇ったりする不誠実な対応をした場合には、その対応自体が「二次セクハラ」として不法行為を構成することが考えられる。上記ウの横浜地裁平成16年7月8日判決事件は、その典型的な事例といえる。

また、郵便外務員の男性（原告）が、外回りの後、郵便局内の浴場で入浴していたところ、総務課長代理の女性がドアを開けたために裸を見られた事件がある（大阪地裁平成16年9月3日判決、大阪高裁平成17年6月7日判決）。男性は、これがセクハラ行為であるとして総務課長に訴えたにもかかわらず事情を聞いてもらえなかったことから、郵便公社に対して、PTSDの罹患等を理由に4000万円を超える慰謝料を請求したところ、第1審では、管理者の対応が不誠実であったとして二次セクハラを認め、公社に対し慰謝料10万円の支払いを命じたが、控訴審では原告の請求を棄却した。

第2章　裁判例から見たハラスメントの状況

オ　直接の雇用関係にない者の使用者責任

　セクハラ行為についての使用者責任は、行為者の直接の雇用主が負うことが原則であるが、親会社等上位の立場にある者の責任が問題となることもある（岐阜地裁大垣支部平成27年8月18日判決、名古屋高裁平成28年7月20日判決、最高裁平成30年2月15日判決）。

　親会社C社のグループ会社であるB社に契約社員として雇用されていた女性社員X（原告）は、B社を退職して派遣社員としてC社の事業場で勤務していたところ、C社のグループ会社であり、B社にライン業務を請け負わせているA社の課長Y（被告）と懇意になり、家庭内のトラブルを相談したり、金銭を借りるなどしていた。XとYは共にドライブや食事に出掛け、3度の性交渉を持ったが、その後性交渉もなくなり、Xは同僚Zに、Yにつきまとわれていると訴えるようになり、Yに別れの手紙を渡し、自宅に来ないよう告げた。Zはその後C社のコンプライアンス相談室に連絡したところ、C社はA社及びB社から聞き取り調査をしたものの、セクハラ行為は一切確認できないとZに伝えた。Xは、Yから、社内における優位な立場を利用してセクハラ行為（職場でXの周辺をウロウロする、しつこく交際を要求する、自宅に押し掛け強引にXとの面会を強要する等）により心身の不調を抱えるようになったとして、A社及びB社に対しては、X及びYの使用者としての安全配慮義務違反、C社に対しては親会社としての監督責任、Yに対しては不法行為にそれぞれ基づき、慰謝料等330万円を請求した。

　第1審では、Yのセクハラ行為は認められないとしてXの請求を棄却したが、控訴審では、X（控訴人）とY（被控訴人）とは、途中から親密な交際は存在しておらず、Yが一方的に思いを抱いて交際を持ちかけたこと、YとXとは別会社とはいえ、同じグループ会社に勤務し、私的なグループ内でも実質的な上下関係があり、借金返済まではXはYに負い目を負っていたことなどから、XはYのつきまとい行為に堪えていたと判断し、Yのほか、A社、B社及びC社に対し、連帯して慰謝料等220万円を支払うよう命じた。その根拠として、A社についてはYの使用者としての使用者責任、B社についてはXの使用者としての安全配慮義務違反、C社については、グループ企業に属する全従業員に対するコンプライアンス体制を整備する義務を怠ったことを挙げ

60

ている。

　これに対し、C社のみが上告した上告審では、X（被上告人）は、勤務先会社に雇用され、その指揮監督の下で労務を提供していたもので、C社（上告人）は、法令等の遵守に関する社員行動基準を定め、法令遵守体制を整備していたものの、Xに対し指揮監督権を行使すべき立場にあったとか、Xから実質的に労務の提供を受ける関係にあったと見るべき事情はないなど、安全配慮義務を怠ったとは認められないとして、原判決を破棄してC社の上告を認容し、Xの請求を棄却した。もっとも、上告審判決は、一般論として、直接の雇用関係にないグループ会社の親会社についても、グループ会社でのセクハラ行為等について相談体制を整備するなどして、セクハラ行為の申し出をした者に対して適切に対応すべき信義則上の義務を負う場合があるとしており、その上で、本件については、C社がセクハラ行為を把握することは事実上困難であったとして、C社を免責したものである。

　本件のように、直接の雇用関係にない親会社について、グループ内で発生したセクハラ行為の使用者責任が問われた事件は珍しいといえる。本件の場合、XがC社に対し直接セクハラ行為を訴えなかったため、C社はこれを通常知り得ないとして免責されたが、仮にXがC社の相談窓口に相談していた場合、同じ結論となったか否かは不明である。また、仮にXがC社に相談しなかったとしても、親会社はグループ内で起こったセクハラ等について認識を共有し、自ら調査を実施する等の対応を求められる可能性もある。このことは、フランチャイズ制を採るコンビニや外食産業にも当てはまり得ることであることから、今後は、直接の雇用関係にない労働者に係るセクハラを始めとするハラスメント行為についての責任が争われる可能性が十分に考えられる。

6　セクハラの行為者及び被害者に対する解雇等の処分

⑴　行為者に対する処分

　セクハラ行為が行われた場合、会社等の使用者がその行為者に対し解雇等

第2章　裁判例から見たハラスメントの状況

の処分を行うことがあり、こうした処分の適否を巡って、1960年代から裁判
で争われてきたことは2(2)で述べたとおりである。セクハラ行為についての
処分の軽重については非常にばらつきが見られ、中には、SEが派遣先の女
性従業員に対してお茶に誘う、自己紹介をするなどのメールを2度送信した
という、セクハラともいえないような軽微な行為について、その事業主が派
遣先や元請会社の目を恐れて（としか考えようがない）解雇処分とした事例（東
京地裁平成16年9月10日判決）がある（解雇無効）一方、刑事事件にもなり
得るような強姦事件についても戒告処分でお茶を濁した事例（仙台地裁平成
11年6月3日判決、仙台高裁平成13年3月29日判決）も見られるところであ
る（4(3)エ②）。

(2) 被害者の勤務態度等を理由とする処分

　セクハラ行為が行われた場合、その行為者が就業規則違反等を理由に解雇
等の処分を受けることは通常のことであるが、逆に被害者の方がセクハラ
事件を契機に勤務態度が悪くなったような場合、これを理由に解雇されたり、
退職に追い込まれたりするようなケースも見られる。セクハラを受けた場合
には、会社等に対して事実関係に基づく解決策（謝罪、行為者への懲戒を含
む再発防止策等）を求めることは当然としても、行為者や会社等に対する不
満を露骨に示し、ふて腐れた態度を取ったり、正当な業務命令まで拒否した
りすると、たとえ、そうした行動がセクハラに起因するとしても、職場秩序
を乱し、業務に支障をもたらしたとして解雇等の処分を受けることもある。

ア　解雇が有効と認められたもの

① 家政婦が勤務成績不良を理由に解雇

　会社社長の自宅に勤務する家政婦が、セクハラを受ける一方、勤務態度
不良等を理由に解雇された事件がある（金沢地裁輪島支部平成6年5月26
日判決、名古屋高裁金沢支部平成8年10月30日判決、最高裁平成11年7月
16日判決）。

　この事件は、建設会社の社長Y（被告）の自宅で勤務する家政婦X（原告）が、
Yによるセクハラを受けた後、その命令に反抗したり、言い争いをしたり
したほか、勤務成績不良としてボーナスが支給されなかったことについて

執拗に抗議したり、外部でYの悪口を言いふらしたりしたことから解雇されたものである。この事件の場合、Xは家政婦という仕事の性格上、Yの自宅で勤務するため、食事を共にする中で卑猥な会話に積極的に応じたり、降雪等を理由にY宅に泊まったりしたほか、本来の家政婦の仕事を十分に行っていなかったことから、判決では、Yの不法行為を認めて慰謝料の支払い（第1審80万円、控訴審120万円）を命じながら、第1審から上告審まで、両者の信頼関係が損なわれているとして、解雇自体は正当と認めている。なお、この第1審では、裁判史上初めて「セクシャルハラスメント」という語が使用されており、その意味では注目すべき判決といえる。

② 上司らのセクハラ行為に反撃し、罵倒、業務命令違反

2人の上司Y1、Y2（いずれも被告）から性的関係を迫られたり、日常的に卑猥な言葉を掛けられたりしたほか、業務の遂行についても妨害を受けたと感じた調香師の女性X（原告）が、Y1、Y2らに反抗的な態度を取ったことなどを理由として解雇された事件がある（大阪地裁平成10年7月29日判決）。

Xは、Y1、Y2から性的要求を受けたほか、卑猥な言葉を掛けられたりしたが、その一方、彼らに暴言を吐いたり、正当な業務命令に対しても「上司らしいことは何もしないで上司面するな」などと罵声を浴びせたり、セクハラ行為に無関係な者に対しても八つ当たりをするなど、エキセントリックな言動が目に余るとして解雇された。判決では、Xによる種々の言動は、部下の上司に対する言動としての限度を超えており、職場の秩序を乱すものであるとして、解雇を有効と認めた。

③ 同僚に対するセクハラに抗議し、配転拒否、解雇

上司による同僚女性へのセクハラ行為に抗議し、配転を命じられてもこれを拒否して解雇された事件がある（名古屋地裁平成16年4月27日判決）。

この事件は、設計事務所（被告）において、女性従業員X（原告）が、懇親会後における道路での上司による同僚女性に対するセクハラ行為に抗議し、その結果転勤を命じられ、これを拒否したことを理由に解雇されたものである。

判決では、一般論として、過去に発生したセクハラの状況等から、将来

第2章　裁判例から見たハラスメントの状況

も同種の行為の反復の危険性があり、就労に性的な危険性が伴うと客観的に判断される場合には労働者は就労を拒否することができるとして、いわばセクハラの危険性を理由とする「就労拒否権」を認めたことが特色となっている。ただし、これが認められるのは、職場に悪質なセクハラ常習犯が存在する等、セクハラの危険が顕在化しているような場合に限られると思われることから、一般論として、このような就労拒否権を認めたことが、女性の保護にとってどれだけ役立つかについては必ずしも定かではない。この事件では、Xに就労拒否権は認められず、転勤拒否を理由とする解雇が正当と認められている。

　このほか、トイレで覗き見をされたと思った女性従業員が、所長の不誠実な対応に怒り、その後勤務態度が悪化したとして退職を強いられた事件もある（4(3)オ②）。

　イ　解雇が違法、無効とされたもの（Ⅲパワーハラスメント5(7)エ参照）

7　セクハラ事件における損害賠償額の算定

(1)　逸失利益

　セクハラの被害者は、職場にいづらくなることなどから、事件後短期間で退職するケースが多く見られる。これは、セクハラ行為者と顔を合わせることが嫌ということもあろうが、セクハラ事件を契機に、良からぬ噂を立てられるなどして、周囲から浮き上がり、職場にいづらくなるようなケースも見られるところである（静岡地裁平成2年12月20日判決）。被害者とすれば、「被害者の自分が退職を強いられたのに、行為者がのうのうと会社に居座っていることは許せない。」と、悔しい思いをするであろうが、退職してしまったのならば、その悔しさは、セクハラ行為の行為者や会社に対する損害賠償請求で晴らすしかない。

　セクハラ行為が不法行為と認められた場合には、通常、被害者に対する慰謝料が認められるが、仮に被害者が退職した場合には、それと併せて、引き続き雇用が継続された場合に得られたであろう給与・賞与等の相当額（逸失利益）の支払いが認められることが通常である。その金額の算定に当たって

64

は、原則として、退職時に受けていた給与等の額が基準になるが、損害を認める期間については、被害者の年齢、精神的被害の程度、地域の労働市場の状況等種々の要因を勘案して、社会通念上相当と認められる期間を基準として判断される。セクハラ行為により精神的疾患に罹患したような場合は再就職が困難となることから、長期間が認められやすいと考えられる。

　具体的な例としては、被害者が再就職まで6ヶ月を要したとして6ヶ月間の逸失利益を認めた事例（東京地裁平成15年6月6日判決）、セクハラ行為によりPTSDに罹患し、将来2年間を含めて4年半にわたる逸失利益（PTSDによる寄与度を5割）を認めた事例（岡山地裁平成14年11月6日判決）、退職後1年間は就職できなかったであろうと認めて1年分の給与相当額を認めた事例（東京地裁平成9年1月31日判決）、年齢、労働市場の厳しさ等から2年分の逸失利益を認めた事例（京都地裁平成13年3月22日判決）、9ヶ月分の賃金相当額のうち失業給付分を控除した額を逸失利益と認めた事例（青森地裁平成16年12月24日）、3ヶ月間は就労できず、その後9ヶ月間は3分の1しか就労できなかったとして逸失利益の額を算定した事例（京都地裁平成19年4月26日判決）等がある。

　このように、逸失利益を算定する場合、就労することができなかった期間については様々な判断がなされている一方、金額の算定に当たっては、原則として退職時の賃金を基準にしているが、中にはこれと異なる方法をとっている事例も見られる。すなわち、会社の代表者（被告）が、元々性的な目的で女性従業員（原告）を雇用して日常的に身体を触るなどのセクハラ行為を繰り返し、建前としての仕事の内容の割にはかなり高額の給与を支払っていた事件（東京地裁平成11年3月31日判決）では、原告がセクハラ行為に耐えかねて退職し、実際に支払われた給与を基準にした逸失利益を請求したところ、判決では、仕事の内容に比して給与が高額過ぎるとして、実施に支払われた賃金額（月額40万円）ではなく、賃金構造基本統計調査に基づいて逸失利益（月額28万円）を算定している。

第2章　裁判例から見たハラスメントの状況

(2)　慰謝料

ア　額の算定に当たっての考え方

　慰謝料の額については、必ずしも明確な基準があるわけではないが、その算定に当たっては、行為の態様、行為者の職務上の地位・年齢・婚姻の有無、被害者の年齢・婚姻の有無、両者のそれまでの関係、行為の行われた場所・時間、行為の反復継続性、被害者の対応等を総合的に勘案することとされている。

　これを噛み砕いていえば、慰謝料額の決定に当たっては、まず行為の悪質さの程度が基本となり、一般的には言葉よりも身体的接触の方が悪質とみられ、それも接触の部位によって異なることとなる。肩及び背中に対する接触については一概に接触が許されない部位とまでいうことはできないが、臀部に対する接触については許容されることが通常では考え難い性質のものであるとする事例（千葉地裁平成12年1月24日判決）もある。また、執拗さなども算定に当たっての判断要素になるものと思われる。

イ　行為者側及び被害者側の要因

　行為者については、職場における地位や年齢が高いほど賠償額が高くなるようであるが、これは、被害者にとって行為者の地位が高いほど拒否しづらくなると思われること、地位や年齢の高い者は当然それなりの分別を弁えて然るべきであることなどがその理由になっていると思われる。一方、被害者側からすれば、逆に年齢が低いほど賠償額が高くなるとされているが、その理由としては、人生経験、特に性的な経験の少ない者は、セクハラ行為を拒否しにくいと見られるほか、セクハラ行為によるショックも大きいと考えられることが挙げられる。行為者が既婚者である場合は、被害者と性的関係を持った場合にはいわゆる不倫となり、性的行為自体に悪質性があるとされるためか、独身の場合と比較してセクハラ行為としての悪質性も高いと評価されるようである。また、被害者の年齢、婚姻の有無なども賠償額の算定に当たって考慮されることとされているが、婚姻の有無が賠償額に影響を与える理由については定かではない。

ウ　行為者及び被害者のそれまでの関係

　セクハラの行為者と被害者との間のそれまでの関係が問題になるのは、そ

れまで両者が親密な関係にあったのであれば、被害者がセクハラを訴えても、痴話喧嘩のようなものと思われやすいからだと考えられ、それまで親しい間柄ではなかったことが、使用者責任を認める一つの根拠とされた事例もある（東京地裁平成15年6月6日判決）。

エ　セクハラ行為が行われた時間、場所

セクハラ行為が行われた時間、場所が賠償額の算定に当たって問題となるのは、例えば深夜に人気のない場所でセクハラ行為が行われたような場合、被害者側にも落ち度があったとか、一定の性的行動は想定内だったと見られやすいからと思われる。夜10時近く、大学の指導教官からの要請を受けて車で迎えに行った女性副手が、車中で教官に強姦された事件（4(3)エ②）では、第1審はほぼ全面的に副手の主張を認め、教官に対し慰謝料700万円の支払いを命じたが、控訴審では、夜遅く教官を迎えに行き、指示されるまま人気のない場所に駐車するなど、副手側にも不注意な点があったこと、更に姦淫に関しては、断固として拒否する態度に欠けていたことなどを挙げて、慰謝料額を230万円に引き下げている。これなどは、セクハラ行為の行われた時間、場所が賠償額に影響を及ぼした好例といえよう。

オ　行為の反復継続性

行為の反復継続性については、言うまでもなく、単発の行為よりも、日常的に反復継続する行為の方が被害者にとって精神的苦痛が大きいと考えられることから、賠償額の算定にあたっての基準に盛り込まれたものと思われる。そのこと自体は当然であるものの、現実の裁判例を見ると、必ずしも反復継続されたセクハラ行為の方が単発のセクハラ行為よりも慰謝料が高額になっているとはいえないように思われる。ただ、これは反復継続行為と単発行為が同等に見られているからではなく、強姦やそれに近い強制わいせつ行為のような非常に悪質なセクハラ行為の場合、その時点で責任が追及される場合が多いのに対し、反復継続したセクハラ行為の場合は、一般に個々の行為の悪質性が相対的に低いということがあるのかも知れない。長期にわたる反復継続したセクハラの代表的な事例として、個人レッスンのピアノ教師が、女子生徒が中学生から大学生になるまでの間、継続してセクハラ行為を続け、慰謝料等900万円の支払いを命じられた事件がある（仙台地裁平成11年7月

第2章　裁判例から見たハラスメントの状況

29日判決）。

カ　高額の賠償事例

　賠償額が特に高額な500万円以上の事例を見ると、上記オのピアノ教師に係る事件が挙げられるが、これ以外に、大学教官が、指導する女性に対し、修士課程から助手に至るまで性的要求や身体的接触など性的言動を繰り返し、女性の神経症につけ込んで性的関係を持った上、女性が距離を置きたいと訴えるや、手のひらを返すように従前の評価を一変させるなど指導教官の権限を濫用したとして、750万円の慰謝料の支払いを命じられた事件がある（仙台地裁平成11年5月24日判決、仙台高裁平成12年7月7日判決）。これらは、反復継続により賠償額が引き上げられた好例といえよう。

　セクハラ事件で最も高額の慰謝料を認められたのは、大阪府知事候補が、選挙運動期間中、女子学生のアルバイト運動員に対し、選挙カーの中で、自分の力を誇示しながら約30分にわたってわいせつ行為を行った事件である（大阪地裁平成11年12月13日判決）。この事件は、行為者が現職の知事で、元タレント・参議院議員という極めて知名度の高い人物であったことから、マスコミでも大々的に取り上げられた極めて有名な事件である。この事件では、請求された慰謝料1000万円が満額認められており、その意味でも珍しい事件といえる（弁護士費用については、要求額の200万円が100万円に減額された。）。もっとも、慰謝料1000万円の内容を見ると、わいせつ行為自体に係る分は200万円であり、虚偽告訴であるとの名誉毀損に対する分として500万円、記者会見や議会における原告への中傷等に対する分として300万円となっていることから、セクハラ事件の慰謝料の最高額との言い方は必ずしも適切とはいえないと思われる。

第2章 裁判例から見たハラスメントの状況

Ⅱ　マタニティハラスメント（マタハラ）

1　マタニティハラスメント（マタハラ）とは

　マタニティハラスメント（マタハラ）とは、妊娠・出産、産前産後休業の取得を理由とする不利益取扱いや嫌がらせ等をいい、均等法9条3項により禁じられるとともに、同法11条の2により事業主に雇用管理上の措置が義務づけられ、また、育児休業の取得、育児に関する所定の制度や措置の利用などを理由とする不利益取扱いや嫌がらせ等は、育児・介護休業法10条等により禁じられるとともに、同法25条により事業主に雇用管理上の措置が義務づけられているものである。すなわち、均等法9条3項では、「事業主は、その雇用する女性労働者が妊娠したこと、出産したこと、労働基準法65条1項の規定による休業を請求し、又は同項若しくは同条2項の規定による休業をしたことその他の妊娠又は出産に関する事由であって厚生労働省令で定めるものを理由として、当該女性労働者に対して解雇その他不利益な取扱いをしてはならない。」と定め、これを受けた同法施行規則2条の2では、その事由として次のことを挙げている。

① 　妊娠したこと。
② 　出産したこと。
③ 　法12条若しくは13条1項の規定による措置（保健指導、健康診査、勤務時間の変更・軽減等）を求め、又はこれらの規定による措置を受けたこと。

69

第 2 章　裁判例から見たハラスメントの状況

④　労働基準法64条の2第1号（妊産婦に係る坑内業務の就業制限）若しくは64条の3第1項（妊産婦に係る危険有害業務の就業制限）の規定により業務に就くことができず、若しくはこれらの規定により業務に従事しなかったこと又は同法64条の2第1号若しくは女性労働基準規則2条2項の規定による申出（危険有害業務に就業しない旨の申出）をし、若しくはこれらの規定により業務に従事しなかったこと。

⑤　労働基準法65条1項の規定による休業（産前休業）を請求し、若しくは同項の規定による休業をしたこと又は同条2項の規定により就業できず、若しくは同項の規定による休業（産後休業）をしたこと。

⑥　労働基準法65条3項の規定による請求（軽易業務への転換請求）をし、又は同項の規定により他の軽易な業務に転換したこと。

⑦　労働基準法66条1項の規定による請求（変形労働時間制による労働をしないとの請求）をし、若しくは同項の規定により1週間について同法32条1項の労働時間若しくは1日について同条2項の労働時間を超えて労働しなかったこと、同法66条2項の規定による請求（時間外労働をしないこと）をし、若しくは同項の規定により時間外労働をせず若しくは休日に労働しなかったこと又は同法66条3項の規定による請求（深夜業をしないとの請求）をし、若しくは同項の規定により深夜業をしなかったこと。

⑧　労働基準法67条1項の規定による請求（育児時間の請求）をし、又は同条2項の規定による育児時間を取得したこと。

⑨　妊娠又は出産に起因する病状により労務の提供ができないこと若しくはできなかったこと又は労働能率が低下したこと。

　要は、事業主は、妊産婦（妊娠中の女性及び産後1年を経過しない女性）に対し、妊娠・出産それ自体、あるいは保健指導、勤務時間の変更、危険有害業務に就かないこと、産前産後休業、軽易業務への転換、時間外労働・深夜労働・変形労働時間制での労働をしないこと、育児時間の請求及びこれらの実施並びに妊娠又は出産に起因する病状によって労務の提供が全く若しくは不十分にしかできないことを理由とする不利益取扱いが禁止されているわけである。

Ⅱ　マタニティハラスメント（マタハラ）

2　裁判例から見たマタハラの事例

⑴　**妊娠・出産、産前産後休業の取得等を理由とする不利益取扱い**
　ア　**広島中央保健生協病院事件**
　マタハラは、広島中央保健生協病院事件（広島地裁平成24年2月23日判決、広島高裁平成24年7月19日判決、最高裁平成26年10月23日判決、広島高裁平成27年11月17日判決）に係る最高裁判決を契機にして非常に注目されるに至ったといえる。
　マタハラが大注目されるに至った上記事件とは、次のような内容のものである。
○**事件の概要**
　本件病院（被告）において勤務する女性副主任理学療法士Ｘ（原告）は、平成20年2月に第二子を妊娠し、軽易業務転換請求をして内勤に異動したが、その部署には主任がいることから、異動日付で副主任を免除された（本件措置1）。Ｘは、その半年後に産前産後休業及び育児休業を取得して合計1年1ヶ月余休業したが、復職に当たって、Ｘが配置されるならば退職するという理学療法士がいる職場があるなど復帰先の選定に苦慮したことから、病院は、Ｘの抗議を受けつつも後輩の副主任のいる職場へ一般職員として配属した（本件措置2）。これに対しＸは、病院の取った措置は、いずれも均等法及び育児・介護休業法で禁止する「不利益取扱い」に当たり、違法・無効であって、これらは債務不履行ないし不法行為に当たるとして、病院に対し、慰謝料100万円、不払いの副主任手当（月額9500円）等総額約175万円を請求した。
○**判決要旨**
　第1審及び控訴審では、本件措置1について、Ｘを軽易業務に転換するに当たって副主任を解いたのは、Ｘ自身の了解があったこと、業務遂行・管理運営上、人事配置上の必要性に基づいて行われたもので、均等法にいう「不利益取扱い」をしたとまでは認め難いこと、本件措置2については、育児休業からの職場復帰に際し、病院はＸの希望を聞くなど慎重に検討し、業務遂行・管理運営上、人事配置上の必要性に基づいて行われたことが認

71

められ、均等法や育児・介護休業法に反する不利益な取扱いをしたとまでは認められないことを理由として、いずれもXの請求を棄却した。

これに対し上告審では、次のように判断して、原審に差し戻した。

女性労働者につき妊娠中の軽易業務への転換を契機として降格させる措置は、原則としてこれらを「理由として」行ったものとして均等法9条3項の「不利益取扱い」に当たると解されるが、その労働者が軽易業務への転換等の措置により受ける有利な影響及び不利な影響の内容や程度、事業主による説明の内容、経緯、労働者の意向に照らして、労働者の自由な意思に基づいて降格を承諾したと認めるに足りる合理的な理由が客観的に存在するとき、又は事業主において当該労働者につき降格しないで軽易業務への転換をさせることに円滑な業務運営や人員の適正配置などの業務上の必要性から支障がある場合であって、その業務上の必要性の内容や程度及び上記の有利又は不利な影響の内容や程度に照らして、上記措置について均等法の趣旨・目的に実質的に反しないと認められる「特段の事情」が存するときは、同法で禁止する「不利益取扱い」に当たらない。これを本件について見ると、軽易業務への転換としての異動の前後におけるリハビリ業務自体の負担の異同は明らかでない上、異動の前後におけるリハビリ科の主任又は副主任の職務内容の実質が判然としないこと等からすれば、X（上告人）が軽易業務への転換及び本件措置により受けた有利な影響の内容が明らかにされていない一方、本件措置により、Xは管理職（副主任）から非管理職に変更されるとともに、管理職手当（月額9500円）の支給を受けられなくなるなど給与等に係る不利益も受けている。そして、Xは、育児休業を終えて職場復帰した後も、非管理職としての勤務を余儀なくされているのであって、このような一連の経緯に鑑みると、本件措置による降格は、軽易業務への転換期間中の一時的な措置ではなく、この期間の経過後も副主任への復帰を予定していない措置としてされたと見るのが相当といわざるを得ない。

以上に鑑みると、Xが軽易業務への転換及び本件措置により受けた有利な内容や程度は明らかでない一方、Xが受けた不利な影響や内容の程度は重大である上、本件措置による降格は、Xの意向に反するものであったと

いうべきであって、Xの自由な意思に基づいて降格を承諾したと認めるに足りる合理的な理由が客観的に存在するとはいえない。また、リハビリ科における主任、副主任の管理職員としての職務内容の実質及び同科の業務や業務態勢等は判然とせず、仮にXが同科の副主任となった場合に病院（被上告人）の業務運営に支障が生ずるのか否か及びその程度は明らかでない。そうすると、本件については、Xを降格することなく軽易業務へ転換させることに業務上の支障があったか否かは明らかでなく、本件措置によりXにおける業務上の負担の制限が図られたか否か等も明らかでない一方で、Xは本件措置により受けた不利な内容や程度は重大なものであって、本件措置はXの意向に反するものであったというべきであるから、本件措置については、病院における業務上の必要性の内容や程度、Xにおける業務上の負担の軽減の内容や程度を明らかにされない限り、均等法9条3項の趣旨・目的に実質的に反しないと認められる特段の事情の存在を認めることができない。

　差戻し後の控訴審では、本件措置につき、Xの自由意思に基づく承諾があったと認定し得る合理的な理由が存在するとはいえないこと、本件措置によりXは流産等の危険が減少するなどの利益を得たが、これは異動による利益とはいえても降格による利益とはいえないこと、Xは降格により経済的損失を被るほか、人事面においても不利益を受けること、役職者として復職することが保証されていなかったことからすると、業務上の負担軽減が大きな意味を持つとはいえないことから、本件措置が均等法9条3項に実質的に違反しないと認められる特段の事情があったとはいえないなどを理由に、病院は使用者として、女性労働者の母性を尊重し職業生活の充実を確保すべき義務に違反したとして、病院に対し、未払いの副主任手当、慰謝料100万円等総額175万3310円の支払いを命じた。

○解説

　本事件は、最高裁まで上がり、最高裁としては異例とも思えるほど、均等法の理念等につき詳細な見解を披瀝し、その結果、女性労働者側が全面的に勝訴したことから、非常に注目を集めたものである。最高裁判決を受けて、厚生労働省は、施行規則を改正し、均等法9条3項の不利益な取扱

第2章　裁判例から見たハラスメントの状況

いに関する事由を2条の2に明記し（上記1）、また、平成28年には均等
法が改正され、事業主は職場における妊娠、出産等に関する言動に起因す
る問題に関する雇用管理上の措置を講ずることが義務づけられ、「事業主
が職場における妊娠、出産等に関する言動に起因する問題に関して雇用管
理上講ずべき措置についての指針」（平成28年厚生労働省告示第312号）が
示されるなど、同判決の内容に沿った対応が行われたことからすれば、行
政に対しても大きな影響を与えた事件といえる。

　ただ、一連の判決を詳細に見ると、Xは、上司の指示に従わなかったり、
周囲の職員との軋轢を生むなど、協調性にかなり問題があったようで、そ
のことは、（i）「Xが自分と同じ部署に復職すれば退職する」との意向を
示した理学療法士が2名いたこと（1名であれば、たまたま反りが合わな
い職員がいたといえるかも知れないが、2名となると、Xと周囲との関係
の悪さをより客観的に示すことになると思われる。）、（ii）労働組合がXの
降格撤回を病院に要求しようとして、Xの職場の同僚らに協力を求めたと
ころ、これを拒否されたために要求を見送ったことに顕れていると思われる。

　最高裁は、産前産後休業や育児休業の取得を「契機として」降格等の扱
いをした場合は、特段の事情がない限り、「理由として」行ったものと見
るべきであるとの見解を示し、違法な不利益取扱いでないことについて使
用者側に立証責任を負わせている。この判断自体は、労働者保護の観点か
らは理解できるが、本件に関していえば、判決文を読む限り、病院側は育
児休業後のXの復職先について、Xの意向を確認しながら丹念な検討をし
たことが窺える（当初の第1審、控訴審はこれを認めている）ところであ
り、いじめの意図は感じられず、病院としては、子育てとの両立に配慮し
ながら、配属先候補がXの受入れを拒否するなど、配属に当たって苦慮し
たことを考えると、本件をマタハラの代表事例のように扱うことは避ける
べきであろう。

イ　妊娠を理由とする、あるいは妊娠中の女性の解雇、雇止め

　マタハラは、上記最高裁判決により特に注目を集めるようになったが、実
はそれよりはるか以前から裁判で争われている。

Ⅱ　マタニティハラスメント（マタハラ）

①　均等法施行前の事件

　均等法施行前の事件としては、１年間の有期雇用の幼稚園教諭が、妊娠を理由に雇止めされたものがある（浦和地裁昭和48年３月31日判決）。

　この事件は、幼稚園教諭２名（申請人）を雇用する幼稚園（被申請人）の園長が、幼稚園教諭という肉体的に激しい労働を要求される職業にあっては、妊娠・分娩などとは両立しないこと、母性保護は小規模な一経営体の全面的な負担において行われるべきではないこと、売手市場にある幼稚園教諭は再就職も容易であることを理由に雇止めをしたことから、申請人らが幼稚園教諭としての地位の確認と賃金の仮払いを請求したものである。仮処分決定では、本件雇止めは実質的に解雇に当たるとした上で、幼稚園教諭の職務にある程度の体力が要求されるとしても、豊富な経験も要求されるから、幼稚園が若い教諭による教育体制をとる必然性はないこと、出産休暇はあらかじめ予測し得るので、代替者を出産休暇前に就ける等の方法によって、園児に与える影響を防止することも可能であることなどに鑑みれば、申請人らに対する本件解雇の意思表示は無効であるとしている。本決定では、結論を導くに当たって、「女性である限り、妊娠・出産は通常誰でも経験する事柄であり、しかもそれなくしては社会も国家も成り立ち得ない」と大上段に振りかぶった表現をし、それ故母性の機能が十分に保護されなければならないとして、使用者の受忍を求め、妊娠・出産を理由とする解雇について厳しい姿勢を示している。現在では、妊娠を理由とする解雇等の不利益取扱いは均等法９条３項により禁止されているから、本件のように使用者が雇止めの理由を正直に吐露することは考えにくいと思われる。

②　有期雇用の准看護師が妊娠を理由に雇止め

　１年間の有期雇用の准看護師が、妊娠を理由に雇止めされた事件がある（松山地裁宇和島支部平成13年12月18日判決）。

　この事件は、財団法人（被告）が経営する病院に１年間の期間雇用で勤務する准看護師２名X1、X2（いずれも原告）が、３回目の契約更新に当たって妊娠を告げたところ、法人から雇止めされたものである。X1、X2は、雇止め通告の際には、いずれも特段の異議を唱えず、自らの送別会にも出

75

席したが、その後労働組合に相談するなどし、本件雇止めには解雇法理が類推適用されるとして、雇用契約上の地位の確認と賃金の支払いを請求した。

判決では、雇止めの承諾の意思表示は、消極的・受動的なものでは足りず、積極的・能動的になされたものである必要があるとの基本的見解に立って、X₁、X₂は、一旦は退職を前提にした態度を示したとしても、その一方で労働組合に相談し、婦人少年室（現在は労働局雇用環境均等部（室））に事情を訴えるなどしていることに照らせば、雇止めを承諾したものとは評価できないとして、本件雇止めを無効とした。判決では、夜勤を含む通常勤務に就くことが准看護師にとって本質的な条件であったことから、契約更新時において被用者が通常勤務に就けないことは、一般に期間満了を理由として准看護師を雇止めすることを相当とする特段の事情に当たるとしながら、雇止めの理由が妊娠である場合は、通常勤務ができない場合であっても、更新拒絶権の濫用に当たるとして、特に妊娠女性の保護を図っている。

③　妊娠、通勤手当の不正受領等を理由とする幼稚園教諭の解雇

妊娠、通勤手当詐取等を理由として幼稚園の教諭が解雇された事件がある（大阪地裁堺支部平成14年３月13日判決）。

この事件は、幼稚園に勤務する女性教諭X（原告）が、切迫流産等の診断を受けて入院し、園長Y（被告）にその旨報告したところ、軽率と責められ、暗に中絶を促されたため、絶対安静の指示にもかかわらず出勤したが、数日後再入院を余儀なくされたため、後任を確保したとして退職を迫られたものである。幼稚園を経営する学園（被告）は、Xが未入籍のまま妊娠し、住居を変更しながらこれを届けないで通勤手当を詐取するなどしたことは教育者として不適格であることを理由に解雇したところ、Xは解雇の無効確認と慰謝料の支払いを請求した。

判決では、次のような理由により、解雇の無効確認とY及び学園に対する慰謝料の支払いを命じた。すなわち、Xが男性と同居を開始するに当たって、学園に住所変更を届け出ずに従前の通勤手当を受給したことは服務規律に反するが、未入籍のまま転居した旨報告すれば、Yから厳しい叱責や

強い退職勧奨を受ける可能性があると判断したことについては、Yにも責任があること等からすれば、Xの服務規律違反の程度は重大とはいえない。Xは、Yから軽率と非難され、妊娠はこれからも機会があると暗に中絶を勧められ、これを拒否すると、無責任と非難されるなどして退職を迫られた。このようなYの一連の発言により、Xは無理な出勤をして流産という耐え難い状態に陥ったにもかかわらず、Yは退職届の提出を執拗に求め、結局解雇したことは、Xの妊娠を理由とする退職の強要及び解雇であり、Y及び学園は不法行為責任を免れない。

　本件では、Xについて複数の非違行為が挙げられているが、Yらが最も重視したのは、明らかに婚姻外の妊娠である。婚姻外妊娠については、これに批判的な立場を取るにしても、現に妊娠している部下に対して中絶を示唆することは極めて悪質といえる。Xが絶対安静の指示に反してまで敢えて出勤していることからすると、Yの圧力が相当なものであったことが窺えるし、Yの、Xは妊娠という私事によって休んだとの非難は、労働基準法で保障されている産前産後休業自体を否定するものといえる。

　このほか、妊娠を理由とする解雇が争われたものとしては、測量会社の女性従業員が妊娠したことから、現業業務は難しいとの理由で派遣労働勤務を指示され、退職扱いされたとして、労働契約上の地位の確認、賃金及び慰謝料の支払いを請求した事件がある（東京地裁立川支部平成29年1月31日判決）。判決では、会社の主張する退職の合意は認められないとして、労働契約上の地位の確認と賃金の支払いのほか、慰謝料20万円を認めた。

④　妊娠後の職場復帰を承認しながら、後に退職扱い

　代表者が、産前産後休業中、一旦は育児休業後の職場復帰を了承しながら、後に退職扱いとした事件がある（東京地裁平成29年12月22日判決）。

　この事件は、歯科クリニック（被告）に勤務する女性歯科衛生士X（原告）が、産前産後休業中、理事長Y（被告）に対し育児休業後の職場復帰の意思を伝え、Yは了解の返事をしながら、その当日に退職願の提出を求めたところ、Xは退職願を提出しなかったことから、YはXが産前休業の前から退職の意思を表明していたかのように主張し、退職に追い込んだものである。Xは歯科クリニックに対し、労働契約上の権利を有する地位にあることの確認

第2章　裁判例から見たハラスメントの状況

及び賃金の支払い並びに被告らに対し慰謝料等330万円の支払いを求めた。

　判決では、Ｘは、一貫して、育児休業取得後に復職する意思を明示し、同僚らにもそのことを伝えており、育児休業の手続きを取ろうとしていたのに、ＹはＸの退職の手続きを進めようとしてこれに応じなかったとして、Ｘの退職の意思を否定した。なお、Ｙは、Ｘが産前休業に入る際、年次有給休暇をまとめて取得していることを退職の意思の表れと主張したが、この主張は斥けられた。ＸとＹは、復職を巡って連絡を取り合っており、ＸはＹからの退職を前提とした言動に対し、速やかに異議を唱え、当初から退職の意思はないとの言動を見せている一方、Ｙの言動には曖昧な面が見られる。Ｙは、Ｘを優秀な歯科衛生士と評価しており、歯科衛生士の確保が困難な環境の中、Ｘを退職に追い込むはずはなく、むしろＸの職場復帰を希望していたと主張し、現に産前休業開始前にはＸとＹとの間には紛争はなかったが、(i)育児休業のため、Ｘはかなりの期間職場復帰が見込めず、職場復帰後も短時間勤務となる可能性があったこと、(ii)ＸはＹからの早期職場復帰の要望に対し、１年は育児に専念したいとこれを断っていたこと、(iii)ＹはＸの産前休業開始後、新たな歯科衛生士を採用したこと、(iv)ＹはＸから賞与の不支給理由を聞かれて意外に感じたこと、(v)その後、ＹはＸを辞めさせようとの意思を窺わせる言動を周囲に見せていたこと等からすると、ＹはＸの年末賞与の不支給についての問合わせ以降、Ｘに対する不快感を抱いてＸを退職させようと考えるに至ったと推認できる。判決は、結論として、Ｘの労働契約上の権利を有する地位にあることの確認と賃金及び育児休業給付金相当額等179万円余の支払いを認めたほか、慰謝料については、マタハラが社会問題になっていることも考慮して200万円を認め、更に、年末賞与を支給しなかったことが均等法9条3項で禁止する不利益取扱いに当たるとして、これについても慰謝料22万5000円を認めた。

⑤　妊娠中の女性の解雇

　妊娠中の女性の解雇が、妊娠中の解雇を禁止した均等法に違反するとして無効となるか否かが争われた事件がある（東京地裁平成28年3月22日判決、東京高裁平成28年11月24日判決）。

　この事件は、鞄の製造等を営む会社（被告）に勤務する女性従業員Ｘ（原告）

が妊娠したが、周囲の社員への罵倒、叱責を繰り返すなどして社長Zから再三にわたる指導を受けたにもかかわらず改善しなかったことから、解雇されるに至ったものである。妊娠中の女性が解雇されたという事実関係には全く争いがなく、専らその解雇理由、すなわち解雇が妊娠を理由としたものか、Xの勤務態度不良によるものかが争点になった事件である。

第1審では、Xの勤務態度の悪さについての立証が不十分であるとして本件解雇を無効とした（解雇が妊娠を理由としたものか否かについては判断していない。）。これに対し控訴審では、Xが他の従業員に対してしばしば怒鳴ったりきつい態度を取ったりして、これを苦に退職した従業員がいたこと、他の従業員もXの態度について、Zに対し繰り返し改善を訴えていたこと、ZはXに対し再三にわたり態度を改めるよう注意し、改めない場合は解雇する旨指導・警告してきたこと、それにもかかわらずXは態度を改めなかったことの事実を認定し、会社が小規模で、Xを他部門に配転することも困難である事情なども考慮して、解雇を有効と判断した。Xは、原則として妊娠・出産等の終了から1年以内に解雇その他の不利益取扱いがされた場合は妊娠・出産を「契機として」いると判断され、妊娠・出産を「契機として」解雇その他の不利益取扱いをした場合は、これらを「理由として」いると判断されると主張したが、本件解雇は、妊娠を理由としたものではないことが証明されたとして、均等法9条4項のただし書（妊娠中の女性労働者及び出産後1年を経過しない女性労働者に対してなされた解雇は無効とする。ただし、事業主が当該解雇が前項に規定する事由を理由とする解雇でないことを証明したときは、この限りでない。）により、解雇の無効を否定している。Xのこの主張は、上記2(1)アの最高裁判決に倣ったものと思われる。

⑥ 出産と近接して行われた解雇

女性従業員が出産後8ヶ月で解雇され、均等法、育児・介護休業法に違反するとして解雇の効力等が争われた事件がある（東京地裁平成29年7月3日判決）。

この事件は、英文の学術専門書の出版を営む会社（被告）に勤務する女性従業員X（原告）が、第1子出産の約3年後に第2子を出産して育児休

業を取得し、職場復帰について会社に申入れをしたところ、元の部署での復帰は難しく、復帰するならインドの子会社への出向か、大幅に給与が下がる総務課のポストしかないと言われて退職勧奨を受けたものである。Xは、この措置が、均等法、育児・介護休業法の禁じる不利益取扱いに当たるとして、労働局に調停を申し立て、その意向に沿った調停案を示されたが、会社はこれを拒否した上、協調性欠如、指揮命令違反等を理由にXを解雇した。Xは、本件解雇が妊娠及び出産（妊娠等）と近接して行われており、均等法、育児・介護休業法に違反すること、解雇の合理的理由がないことを主張し、会社に対し、労働契約上の地位にあることの確認と賃金の支払い、慰謝料等220万円の支払いを求めた。一方、会社は、本件解雇は、妊娠等とは無関係で、Xが自身の処遇に不満を持ち、上司に執拗に対応を求め、時に感情的になって極端な言動を取ったり、上司への非礼な言動をするなどにより職場秩序が乱されていることによるものとして、解雇の正当性を主張した。

　判決では、次のように、本件解雇の無効によるXの労働契約上の権利と賃金の支払いを認めるとともに、会社に対し、慰謝料等55万円の支払いを命じた。すなわち、事業主において、外形上、妊娠等以外の解雇事由を主張しても、それが社会通念上相当と認められないことを認識し、あるいは当然に認識すべき場合において、妊娠等と近接して解雇が行われた場合は、少なくとも均等法、育児・介護休業法の趣旨に反した違法なものと解される。会社の主張するXの業務命令違反、職場秩序紊乱は認められるが、懲戒処分はもちろん、文書による注意もなく、適正な手続きがなされていない。また、Xが復職した場合、上司や同僚らがその負担に耐え切れないとの主張については、それらの生命、身体を危険にさらし、あるいは業務上の損害を与える恐れがあることにつき、具体的な立証がされていない以上、会社はこれを甘受すべきである。本件解雇は、妊娠等と近接して行われており、均等法、育児・介護休業法の規定あるいはその趣旨に反して無効である。なお、慰謝料等については、受け入れ難い部署・職務を提示されて退職勧奨を受け、調停委員会の勧告にも応じないまま解雇されたことを理由に、55万円を認めた。

Ⅱ　マタニティハラスメント（マタハラ）

　この事件は、上記⑤と同様、解雇の理由が、妊娠等か勤務態度不良か
が争われたもので、本件の場合、判決でもＸの勤務態度の悪さを認めつつ、
それが労働契約法16条に照らして、解雇に相当するものかどうかの立証（文
書による指示の有無等）がなかったとして、Ｘの請求を認めているが、仮
に会社が段取りを踏んだ適切な対応をしていれば、均等法９条４項ただし
書（上記⑤参照）を根拠に、解雇が正当と認められた可能性もあろう。

ウ　妊娠・出産を理由とするその他の不利益取扱い

妊娠、出産等を理由とする不利益取扱い（マタハラ）の典型的かつ悪質な
態様は解雇であるが、解雇とまでは言い切れない、あるいは解雇にまで至ら
ない事例も数多く見られる。これらの類型に属する裁判事件は、最近増加の
傾向にあるように思われ、その背景には上記２(1)アの最高裁判決があるもの
と推測される。

①　傷病休暇の期間満了による退職

　女性従業員が、産前産後休業・育児休業後短時間勤務で職場復帰した後、
業務に対応できず、傷病休暇を取得したところ、就業規則の休職期間満了
に当たるとして退職とされた事件がある（東京地裁平成26年11月26日判決）。

　この事件は、外資系旅行・金融会社（被告）で産前産後休業及び育児休
業を取得した女性従業員Ｘ（原告）が、復職前に出産を理由とする退職を
勧奨されるとともに、復職後は異なる部署での勤務の可能性を示唆され、
時間短縮勤務で復職したところ、業務に対応できず、２ヶ月間の傷病休暇
を取得して、従前のチームリーダーから正社員としての最低ランクへ降格
されたものである。Ｘはその後約２年間、傷病休暇、療養休暇を取得した
ところ、就業規則の休職期間満了に当たるとして退職とされたことから、
休職期間満了時には休職事由は消滅していた（医師は、Ｘは就労を妨げる
ものではなく、軽い業務から徐々にステップアップすることが望ましい旨
の所見を示していた）として、会社に対し、雇用契約上の地位の確認と賃
金の支払いを請求した。

　判決では、改正後の就業規則では、新たに「健康時と同様」の業務遂行
が可能であることを業務外傷病者の復帰の条件としているが、これは労働
条件の不利益変更に当たり、特に精神疾患は、一般に再発の危険性が高く、

81

第2章　裁判例から見たハラスメントの状況

完治も容易でなく、「健康時と同様」を復帰の条件とする本件変更は、業務外傷病者の復職を著しく困難とするもので、合理的ということはできず、Ｘは本件療養期間満了時には労務の提供が十分にできる程度に回復していたとして、雇用契約が終了していないと判示した。

　本件は、出産等を理由とする解雇を禁止する均等法9条4項に直ちに違反するとはいえないが、育児休業後の職場復帰に当たり、会社は、Ｘに対し退職を勧奨したり、これまで経験を積んできた職務から外す可能性を示唆したりするなど、同項の趣旨に反する行動を取っている。本件は、直接には、就業規則の変更の合理性の有無、療養期間満了時における労務の提供の可能性の有無等、休職期間満了後の退職扱いの可否が争点になった事件だが、復職に当たっての会社の対応がＸに不安、不満を生み、それが原因となって傷病休暇が始まったことからすれば、マタハラに該当する事案といえよう。

② 出産後執拗な退職強要により退職

　女性従業員が、出産後に執拗な退職強要を受けて退職を余儀なくされた事件がある（東京地裁平成27年3月13日判決）。

　この事件は、洋酒の輸入等を営む会社（被告）の女性従業員Ｘ（原告）が、会社から出産直後に退職扱いにしたい意向を示され、その取消しを求めたにもかかわらず、会社から一方的に退職通知と退職金を送付され、これに抗議しても執拗な退職強要が続いたため退職を余儀なくされたとして、賃金及び慰謝料を請求したものである。会社の代表者Ｚは、Ｘの妊娠を知った当初から、子供の養育を優先すべしと、産前産後休業及び育児休業の取得に消極的な姿勢を示し、出産直後にＸの意向に反して一方的に退職通知及び退職金を送付した。これに対し、Ｘは労働局に相談するなどしたことから、会社は解雇ではなく育児休業のままとしたが、育児休業期間中に、Ｘに対し、働きたいならＺが面接するとの連絡をし、これを受けたＸは、執拗な退職勧奨に堪えきれずこれに応じたものの、育児休業明けに出社していないことについては会社に責任があるとして、会社に対し、育児休業明けの賃金及び慰謝料を請求した。

　判決では、会社はＸが育児休業明けに復職する意向であることを認識し

82

Ⅱ　マタニティハラスメント（マタハラ）

ながら就労させなかったとして、会社に対し育児休業明けから退職までの間（約2ヶ月半）の賃金の支払いを命ずるとともに、会社による退職通知及び退職金の一方的な送付は不法行為を構成するとして、慰謝料15万円の支払いを命じた。

本件は、会社は当初から妊娠を契機にXに退職を求めていたところ、Xが、労働局のアドバイスを踏まえて交渉したため、会社は、一旦はXを退職扱いとせず、出産後1年経過まで育児休業とする措置を取ったものの、その後Xの受入れを拒否しており、対応が二転三転している。本件では、退職の違法・無効にとどまらず、Xが継続勤務の意向を明確に示しているにもかかわらず、Xの退職を前提にした補充採用をし、抗議するXに対し、専務が「辞めた後の補充はもう終わっており、それでも話を聞きたければ来れば」とXを揶揄するような発言をするという不誠実な態度を示している。

③「想像妊娠」などと言いがかり、配転により流産

介護指導員が、妊娠を報告したところ、上司から「想像妊娠ではないか」などと言われ、中絶を示唆されるなどした事件がある（札幌地裁平成27年4月17日判決）。

この事件は、医療法人（被告）に勤務する女性介護指導員X（原告）が、理事Y1（被告）及び女性上司Y2（被告）と頻繁に食事をし、Y1からプレゼントを頻繁に受けるなどしていたが、その後食事やプレゼントの受領を避けるようになったところ、病棟の瓶等の洗浄、汚物室の衣類のチェック、入浴介助等の業務に異動させられた上、更に妊娠を報告した際に、Y2から「想像妊娠ではないか」、「中絶も認められる」などと言われ、特殊浴の入浴介助を一人でやるように命じられて切迫流産したものである。Xは、Y1については、卑猥な発言やプレゼントをし、Xが意のままにならないと知るや、様々ないじめを行い、介護指導員の職務から逸脱した仕事を強要するなどしたこと、Y2については、Y1の指示の下、精神的・肉体的に過酷な労働に従事させ、Xの妊娠を知ると、入浴介助を命じて切迫流産に追い込んだことを理由に、Y1、Y2及び法人に対して慰謝料等を請求した。

判決では、配転後の業務は、それまで一人に集中して命じられたことはないから、嫌がらせと受け止められてもやむを得ないものであること、妊

第2章　裁判例から見たハラスメントの状況

娠に当たってのY₂の言動は著しく不適切であることを理由に、被告らに対し慰謝料等77万円の支払いを命じた。Xは、今後被告らが同様な行為を行わないようにと、一般予防を目的として1100万円という高額な賠償を請求したが、一般予防を目的とする請求は否定された。

④　妊娠による勤務時間の大幅削減

　介護員が、上司に妊娠を報告したところ、勤務態度に問題があったことなどを指摘され、勤務時間を半減されるなどした事件がある（福岡地裁小倉支部平成28年4月19日判決）。

　この事件は、介護サービス会社（被告）に勤務する女性介護員X（原告）が、女性営業所長Y（被告）に妊娠を報告して業務軽減を求めたところ、妊娠以前から勤務態度に問題があったとして、妊婦として扱うつもりはないなどと言われ、労働時間を従前の1日8〜10時間から1日4時間程度に短縮され、これによって給与も激減させられたとして、Y及び会社に対し慰謝料500万円等を請求したものである。

　判決では、YのXへの対応は、その目的については違法性がないとしながら、業務の軽減は許さないとか、流産しても構わないという覚悟をもって働くべきと受け止められる発言をするなど、Xに対し従前以上に勤務に精励するよう求めており、これらは妊産婦労働者の人格権を害するとして、Y及び会社に対して、慰謝料35万円の支払いを命じた。ただ、勤務時間を1日4時間に短縮し、それに伴い給与を減額したことについては、X自身が労働の軽減を求めていること、従前もXの労働時間を1日4〜5時間程度としたことが度々あったこと、営業所において1日4時間勤務は必ずしも異常な措置とはいえないことを理由として違法性を否定している。

　均等法13条では、事業主は女性労働者が保健指導等を守ることができるよう、勤務時間の変更、勤務の軽減等必要な措置を講ずべきことを定めていることから、YがXに対し、できない業務を確認するよう指示したこと、Xができると言った業務について、その危険性を指摘したことなどは、上記規定に沿った対応といえる。ただ、その際に「妊婦として扱うつもりはない」、「万が一何があっても働くという覚悟があるのか」などと言ったのは、Xの日頃の仕事ぶりへの不満が爆発したものとも推測されるが、これ

Ⅱ　マタニティハラスメント（マタハラ）

はマタハラと評価されてもやむを得ないものであろう。

(2)　育児休業の取得を理由とする不利益取扱い

　マタハラとは、本来、妊娠・出産、産前産後休業の取得等を理由とする不利益取扱いをいうものであるが、本書では、育児休業の取得妨害、取得を理由とする不利益取扱い等もこれに準じて扱っており、育児休業を巡るトラブルとしては、次のような事例が挙げられる。

①　1年更新の女性が育児休業申請を契機に雇止め

　1年更新で勤務する女性職員が、育児休業を請求したところ、雇止めされた事件がある（東京地裁平成15年10月31日判決、東京高裁平成17年1月26日判決）。

　この事件は、社団法人（被告）に1年更新で約6年間勤務していた英国人女性職員Ｘ（原告）が、第3子の出産に当たり初めて育児休業を請求したところ、有期雇用の職員に育児休業の適用はないとして、雇用期間満了をもって雇止めされたものである。Ｘは、実質的には雇用期間の定めのない正規職員であって育児休業取得の資格があると主張したが、結局、1年後に法人から労働契約を終了させる旨の通知を受けたことから、労働契約上の権利を有することの確認と賃金の支払いを求めるとともに、産後休業明けから出勤を強いられ、出勤しても机やパソコンがなく、仕事が与えられないなどの嫌がらせを受けたとして、法人に対し慰謝料等600万円を請求した。

　第1審では、Ｘについて6年間契約更新手続きが一切なかったこと、昇給が契約更新時とは無関係に行われていたこと、他の有期雇用職員とは異なり継続雇用についての意思確認がなかったことなどから、Ｘと法人との労働契約は期間の定めのないものと認められ、人員削減の必要性も高くないとして、雇止めを無効とするとともに、法人に対し慰謝料等50万円の支払いを命じた。一方、控訴審では、本件労働契約は期間雇用であると、この点では第1審と判断を異にしたものの、契約更新の実態からみてＸの契約更新への期待には合理性があるとして、第1審と同一の結論とした。法人は、法令上、期間雇用職員には育児休業の付与の義務はないとして、Ｘ

85

第2章　裁判例から見たハラスメントの状況

に育児休業の取得を認めなかったが、その代替措置として、Xに対し育児
休業と同期間の無給の特別休暇を与える旨提案したが、Xはこれを拒否した。
これについて第1審では、育児休業は、その取得を理由とする不利益取扱
いが禁止され、育児休業中は雇用保険の育児休業給付金を受給できるなど、
法人の提案した特別休暇は育児休業には及ばないとしたものの、この法人
の措置について一定の評価を与えて慰謝料額を算定している。

②　育児休業からの復職後降格、減給

　育児休業から復帰後に降格・減給をされた女性従業員が、これを違法と
して、給与の差額分、慰謝料の支払い等を請求した事件がある（東京地裁
平成23年3月17日判決、東京高裁平成23年12月27日判決）。

　この事件は、ゲームソフト会社（被告）で海外ライセンス業務に従事し
ていた女性従業員X（原告）が、約9ヶ月間産前産後休業及び育児休業を
取得した後復職したところ、国内ライセンス業務に配転されるとともに、
役割グレードを「B-1」（Bクラス中最低）から「A—9」（Aクラス中上
から2番目）に引き下げられ、それに伴って年報額も引き下げられたこと
から、役割グレードの引下げ及びそれに伴う給与の減額は、産前産後休業
及び育児休業の取得を理由とする不利益取扱いを禁止する均等法及び育児・
介護休業法に違反するとして、会社に対し、降格・減給前の給与との差額
分、慰謝料等3300万円の支払い、人権侵害に対する謝罪、就業規則の改定
等を要求したものである。会社は、役割グレードの変更は担務変更に伴う
ものであり、海外ライセンス業務の大変さを考慮して負荷の少ない国内ラ
イセンス業務に担務変更した旨説明したが、Xは納得しなかった。

　第1審では、Xが担当していた海外ライセンス業務はマネージャーに引
き継がれたが、特段の支障が生じたとは認められないこと、会社は海外ラ
イセンス業務に係る重要な顧客から担当者の頻繁な交代についてクレーム
を受けていたから、復職時に改めてXを同業務に就けることについては顧
客との関係で困難な状況にあったこと、Xは育児短時間勤務を求めていた
ことから、直ぐに海外ライセンス業務に戻すことは業務遂行の観点から困
難な状況にあったことを理由として、Xを海外ライセンス業務に戻さなかっ
たことが均等法及び育児・介護休業法で禁止する不利益取扱いには当たら

　　　　　　　　　　　　　　　Ⅱ　マタニティハラスメント（マタハラ）

ないと判断した。その上で、Xの担当職務を国内ライセンス業務に変更し
たこと、それに伴って役割グレードを引き下げ、相応の給与減額措置をし
たことは、激変緩和のための調整給の支給等も考慮すれば人事権の範囲内
にあるとして、基本部分についてはXの請求を棄却した。ただ、Xが産前
休業に入った平成20年度は、最初の3ヶ月半は勤務していたにもかかわら
ず、その間の貢献度を考慮せずに成果実績ゼロとした点については裁量権
を濫用したものとして、その部分についてのみ会社に対し慰謝料等35万円
の支払いを命じた。

　これに対し控訴審では、Xの復職に当たって国内ライセンス業務に配転
したことは是認したものの、それに伴って役割グレードを引き下げた点に
ついては、Bクラスはマネジメント職候補とされ、スタッフであるAクラ
スとでは質的な違いがあるから、Bクラスの者をAクラスに変更すること
は一種の不利益取扱いになるほか、国内ライセンス業務の前任者のグレー
ドがBクラスであったから、XをBクラスに据え置くことも可能であった
として、グレード引下げについての会社の主張を斥けた。また、グレード
の引下げに合わせて給与を減額したことについては、グレードと給与額と
を連動させる規定が存在しないこと、最も重要な労働条件である賃金額を
明示的な根拠も労働者の個別の同意もなく、使用者が一方的に変更するの
は許されないことから、これらは裁量の範囲を超えた不法行為に該当する
として、会社に対し慰謝料等100万円の支払いを命じた。なお、平成20年
度のXの貢献度がゼロであるとして報酬を減額した点については、第1審
と同一の判断を示した。

　本件会社では、基本的に成果主義に基づく賃金制度を採用しており、役
割グレードに応じた給与を支給することとされ、その立場に立つならば、
海外ライセンス業務から評価の下がる国内ライセンス業務に異動になった
以上、それに応じて役割グレード及び給与が引き下げられるのが当然と思
われる。会社は、そうした前提に立って復職後のXの処遇を決定したもの
と思われ、第1審ではそのことが是認されているが、会社は成果主義に基
づく賃金制度を採用しながら、それが徹底されておらず、Xの異動先であ
る国内ライセンス業務の前任者は、Bクラスに就いていたことからすれば、

87

Xも異動にかかわらずBクラスに据え置く余地もあったはずである。更に、給与規程等において役割グレードと給与額との連動を明記していなかったことは、給与が労働条件の中で最も重要かつ基本的なものであることを考慮すれば、会社の対応が十分であったとはいえないであろう。

本件は、会社の対応が不十分であったことから、控訴審において、基本部分についてもXの請求が一定程度認められたが、仮にXの異動先の国内ライセンス業務の前任者もAクラスであり、役割グレードと給与額とが連動する旨給与規程等で明記されていれば、恐らくXの請求は第1審と同様に棄却されていたものと思われる。その意味で、控訴審における会社の一部敗訴はオウンゴールとでもいうべきものであろう。

本件は、今後の育児休業とその後の復職のあり方について、重要な問題を提起した事件といえる。育児・介護休業法では、育児休業後の復職について、原職又は原職相当職とすることを事業主に求めているが、今後女性がますます重要な役割を担うようになると、そうした女性や男性が育児休業を取得した場合、その休業期間中にその穴を誰がどのように埋めるかが重要な課題となる。このような場合には、アルバイトや派遣社員等で当面やりくりするという旧来多く取られていたやり方は通用しにくくなり、正社員又はそれに準ずる者での人事によって対応せざるを得ない状況が多くなるであろう。そうなれば、育児休業明けに原職に復帰させるとなれば、その時点でまた人事異動が必要になるほか、短期間の異動によって業務に支障を及ぼすことも考えられる（現に、本件では、Xを直ぐに原職に戻さなかったのは海外の顧客のニーズもあったとされる。）から、原職又は原職相当職という原則は維持するとしても、原職相当職をどの範囲まで認めるか、法令のあり方も含めて十分な検討が必要とされよう。

③　男性の育児休業取得者が昇給停止等

育児休業を取得する者は、実態としては大半が女性であるが、男性の取得者が育児休業の取得により不利益を受けた事件がある（京都地裁平成25年9月24日判決、大阪高裁平成26年7月18日判決）。

この事件は、医療法人（被告）が設置する病院に勤務する男性看護師X（原告）が、3ヶ月間の育児休業を取得したところ、法人は、（ⅰ）3ヶ月以

上の育児休業をした者は翌年度の職能給を昇給させない定めがあるとして、翌年度Ｘの職能給を昇給させず、(ii)３ヶ月以上の育児休業を取った者は人事評価の対象外として、昇格試験の受験資格を認めなかったことから、これらの措置が育児・介護休業法で禁止する不利益取扱いに当たるとして、法人に対し、昇給・昇格していれば得られたはずの給与、賞与及び退職金の額と実際に支払われた額との差額並びに慰謝料30万円の支払いを求めたものである。Ｘは育児休業取得前の３年間、人事考課でＢ以上の総合評価を得ており、Ｂ以上の総合評価を標準年数受けた者は昇格試験受験に推薦されるのが通例であった。

　第１審では、職能給の昇給がなかったことによる不利益は４万円強に止まり、職能給の昇給抑制は育児休業の取得を一般的に抑制するとまでは認められないとして違法性を否定した。一方、Ｘに昇格試験を受験させなかったことについては違法と認めたものの、Ｘが昇格試験に合格する高度の蓋然性までは認められないとして、受験させなかったことと給与等の損害との因果関係を否定したが、受験できなかった精神的苦痛に対する慰謝料として15万円を認めた。これに対し控訴審では、前年度に３ヶ月以上育児休業をすれば翌年度の職能給を昇給させないとする昇給規程は、同じ不就労である遅刻、早退、年次有給休暇、生理休暇、慶弔休暇、労働災害による休業・通院、同盟罷業などが３ヶ月の不就労期間に含まれないことと比較して合理性が認められないから、この規程によりＸの職能給を昇給させなかった行為は、育児・介護休業法10条で禁止する不利益取扱いに当たり不法行為法上違法であるとして、法人に対し、昇給していれば得られたはずの給与、賞与相当額と実際に支払われたものとの差額の支払いを命じた。また、法人がＸに昇格試験を受験させなかった点については、第１審と同様に慰謝料15万円を認めた。

④　育児短時間勤務をした職員が昇給抑制

　育児短時間勤務をした職員が、不当に昇給を抑制されたとして、給与の差額等を請求した事件がある（東京地裁平成27年10月２日判決）。

　この事件は、重度心身障害児（者）の教育等を目的とする社会福祉法人（被告）に勤務する女性職員３人（原告）が、育児短時間勤務制度を利用

第2章　裁判例から見たハラスメントの状況

して、1日6時間勤務（本来1日8時間勤務）としていたところ、昇給を
基準の8分の6に抑えられたことから、本来の号俸の地位の確認及び給与
の差額の支払い並びに各自につき慰謝料50万円の支払いを請求したもので
ある。本件法人の昇給は、過去1年間に良好な成績で勤務した職員（C評価）
の昇給は4号給、勤務成績が特に良好である職員（B評価）の昇給は6号
給とされていたところ、原告らの昇給は、その基準の8分の6に抑えられ
たものである。

　判決では、育児・介護休業法23条の2は強行規定であり、短時間勤務の
申出をし、又は短時間勤務の措置が講じられたことを理由として不利益取
扱いをすることは、特段の事情がない限り、同条に違反し無効であるとし
た上で、原告らの基本給は、労働時間が短いことによる減額を既に受けて
おり、原告らは「B」、「C」の評価にもかかわらず一律に労働時間に応じ
た8分の6を乗じた号俸を適用するものであるから、ノーワークノーペイ
を超えた不利益を与えるものであり、そのような取扱いをすることを違法
としない特段の事情も窺われないとして、同条の不利益取扱いに該当する
と判断した。ただ、給与規程上、昇給決定があって初めて昇給するもので
あって、当然に昇給の効果が発生するものでも、職員に昇給を請求する権
利が付与されているものでもないとして、原告らの昇給後の号俸の地位に
あることの確認請求についてはこれを斥け、差額相当額を不法行為による
損害として、法人に損害賠償（4万円強〜12万円強）の支払いを命じたほ
か、慰謝料として各自につき10万円の支払いを命じた。

第2章 裁判例から見たハラスメントの状況

III　パワーハラスメント（パワハラ）

1　パワーハラスメント（パワハラ）とは

　最近は、多くのスポーツ団体を始め、各方面においてパワハラが大きな問題となっている。もっとも、パワハラは、最近になって急に発生、増加したものではなく、以前からその実態はあったものの、それが表面化しなかっただけのことであろう。パワハラというと、ともすれば勤務態度の劣悪さや精神的弱さなど被害者側の要因が強調されたり、「指導」の名の下に正当化されたりする傾向があったりし、現在でもそのような状況が払拭されているとはいえないと思われる。パワハラの原因は様々であり、確かにパワハラと指摘されるものの中には、正当な指導、叱責と見られるものも含まれているケースも少なくないことから、パワハラか否かの判断に当たっては、今後も様々な軋轢が生じることが予想される。

　パワハラという語自体は新しく、2000年代に入ってから生まれたものとされているが、その実態ははるか以前から存在していた。労働関係における裁判は、長年にわたり数多く争われてきたが、その多くは、パワハラと呼ぶか否かはともかく、少なくともパワハラ的要素が含まれていたといえよう。例えば、懲戒処分の効力を争うような事件は、使用者側としては当然の処置と判断しても、これを受けた労働者側からすれば、パワハラと受け止める可能性が高い。また、労働組合活動が活発だった頃には、労働組合の役員や活動

第2章　裁判例から見たハラスメントの状況

家に対する不利益取扱い等の不当労働行為、思想信条による差別的取扱い等が行われることが少なくなかったが、これらは今でいうパワハラの範疇に入るものと思われるし、女性に対して結婚退職を迫ることなどもパワハラの一形態と見られるであろう。

　最近では、パワハラを巡って裁判で争われる事例が非常に多い。裁判所の判断は事案によって様々であるが、その基本的な考え方は、行為者の行為に合理的な理由や業務上の必要性があるか否か（目的の相当性）、また、その行為が社会通念に照らして妥当な態様・程度で行われているか（態様の相当性）を基準にしている。すなわち、その行為に合理的な理由、必要性が存在しない限り、相手方に精神的負担をかける行為はパワハラとして違法性を帯びるし、仮に、その行為に合理的な理由、必要性が認められたとしても、暴力や人格を傷つける発言などその行為の態様が相当でない、あるいは正当な範囲を逸脱するような場合には、やはりパワハラと評価されるものと考えられる。

　パワハラについては、セクハラやマタハラと異なり、法令上これを禁止ないし制限するような規定は現時点においては存在せず、そのため裁判に当たっては、行為者に対しては不法行為（民法709条）、使用者に対しては不法行為の使用者責任（民法715条1項）ないし債務不履行責任（安全配慮義務違反）（民法415条、労働契約法5条）を援用して、損害賠償請求などをしている。このように、未だパワハラについては法的整備がなされてはいないものの、行政としても、看過することはできない状況にあるとの認識に立って、平成23年に「職場のいじめ・嫌がらせ問題に関する円卓会議」（以下「円卓会議」という。）を立ち上げ、平成24年1月30日のワーキンググループ（WG）報告を受けて、同年3月15日に円卓会議として「職場のパワーハラスメントの予防・解決に向けた提言」（以下「提言」という。）をまとめたところである。

　上記WGでは、問題の背景として、企業間競争の激化による社員への圧力の高まり、職場内のコミュニケーションの希薄化や問題解決機能の低下、上司のマネジメントスキルの低下、上司の価値観と部下の価値観の相違の拡大など多様な要因を挙げ、この問題の当事者である労使が、この問題の重要性に気付いていないか、気付いていたとしても、パワハラと業務上の指導との線引きが難しいなどの理由から、問題の対応に困難を感じているなど、取組

Ⅲ　パワーハラスメント（パワハラ）

みが進んでいない要因を指摘している。

2　職場のいじめ・嫌がらせ問題に関する円卓会議の提言

　上記WGの報告を踏まえて発表された円卓会議の提言の主な内容は、次のとおりである。

⑴　職場のパワーハラスメントの概念
　提言では、パワハラについて、「同じ職場で働く者に対して、職務上の地位や人間関係などの職場内の優位性を背景に、業務の適正な範囲を超えて、精神的・身体的苦痛を与える又は職場環境を悪化させる行為」と定義している。

⑵　職場のパワーハラスメントの行為の類型
　提言では、パワハラを次の6つの類型に分類している。
① 　暴行・傷害（身体的な攻撃）
② 　脅迫・名誉毀損・侮辱・ひどい暴言（精神的な攻撃）
③ 　隔離・仲間外し・無視（人間関係からの切り離し）
④ 　業務上明らかに不要なことや遂行不可能なことの強制、仕事の妨害（過大な要求）
⑤ 　業務上の合理性なく、能力や経験とかけ離れた程度の低い仕事を命じることや仕事を与えないこと（過小な要求）
⑥ 　私的なことに過度に立ち入ること（個の侵害）
　提言では、上記6つの類型を示しているものの、パワハラはこれに限定されるものではなく、上記典型的類型が全てではない旨注意を促している。
　上記類型は、公的には初めて示されたもので、これによってパワハラへの関心とその理解が深まるという効果を発揮したものと思われることから、非常に有意義なものであったといえる。

93

第2章　裁判例から見たハラスメントの状況

3　職場のパワーハラスメント防止対策についての検討会報告書

　提言がなされて以降、行政を始めとして各方面においてパワハラ防止についての啓発や指導がなされてきたが、それにもかかわらず、パワハラ事件は減少するどころか、個別労働紛争解決法に基づく相談件数は増加の一途を辿っており、裁判事例もどんどん積み重なっていく状況にある。もっとも、このことは、パワハラに対する啓発・指導の効果がなかったということではなく、指導・啓発によって、パワハラは人権侵害であることが広く周知されたことから、これまで我慢してきた人々が声を上げ始めたということであって、むしろこうした指導・啓発が効果を発揮した現れと見るべきであろう。

　こうした状況を踏まえて、厚生労働省では、平成29年5月に「職場のパワーハラスメント防止対策についての検討会」（以下「検討会」という。）を立ち上げ、以後10回にわたる検討会を経て、平成30年3月30日に報告書（以下「報告書」という。）を取りまとめたところである。

　報告書は、まず、パワハラの現状として、①発生状況、②予防・解決に向けた取組状況、③発生の要因、④予防・解決に向けた取組の難しさ・課題を挙げている。そして、①では、都道府県労働局への相談件数が増加傾向にあり、平成24年度以降は、相談件数としてトップとなっていること、精神障害の労災認定件数が増加傾向にあること、企業内部の相談事案としても最も多いことを指摘し、②では、多くの企業でパワハラの予防・解決に向けた取組みを実施していること、③では、発生の要因には、労働者側の問題（感情コントロールの能力・コミュニケーション能力の不足、世代間ギャップ等）と職場環境の問題（業績偏重の評価制度、長時間労働、不適切な作業環境等）があるとの意見があるとした上で、それぞれの要因の解消の重要性を指摘し、④では、被害者が不利益を恐れるなどにより何もしない場合が多いこと、企業の対策が従業員に十分認知されていないこと、事実関係の確認が困難であること等を挙げている。

　パワハラについては、上記2のとおり、円卓会議において、その概念、類

94

III　パワーハラスメント（パワハラ）

型を示す提言がなされたところであるが、報告書では、提言に基づいて既に様々な取組みがなされていることなどから、これをそのまま踏襲することとしている。

報告書では、次に、パワハラの要素について、提言を踏まえて、①優越的な関係に基づいて（優位性を背景に）行われること、②業務の適正な範囲を超えて行われること、③身体的若しくは精神的な苦痛を与えること、又は就業環境を害することと整理している。そして、①については、(i)職務上の地位が上位の者による行為、(ii)同僚又は部下による行為で、当該行為を行う者が業務上必要な知識や豊富な経験を有しており、当該者の協力を得なければ業務の円滑な遂行を行うことが困難であるもの、(iii)同僚又は部下からの集団による行為で、これに抵抗又は拒絶することが困難であるものを挙げている。また、②については、(i)業務上明らかに必要性のない行為、(ii)業務の目的を大きく逸脱した行為、(iii)業務を遂行するための手段として不適当な行為、(iv)当該行為の回数、行為者の数等、その態様や手段が社会通念に照らして許容される範囲を超える行為を挙げている。更に③については、一定の客観性が必要との観点から、「身体的若しくは精神的な苦痛を与える」又は「就業環境を害する」の判断に当たっては、「平均的な労働者の感じ方」を基準とすることが考えられるとした上で、これについてはまだ共通認識が十分に形成されているとはいえないとして、更なる事例の収集の必要性を指摘している。

「報告書」では、パワハラ防止対策の強化を提言しており、その提言に当たっては、次の①から⑤までの施策案を示し、そのそれぞれについて、利害得失を示している。

①　行為者の刑事責任、民事責任（刑事罰、不法行為）

②　事業主に対する損害賠償請求の根拠の規定（民事効）

③　事業主に対する措置義務

④　事業主による一定の対応措置をガイドラインで明示

⑤　社会機運の醸成

上記①は、パワハラが違法であることを法律で明確化し、これを行った者に対して、刑事罰による制裁や、被害者による行為者に対する損害賠償請求

95

第2章　裁判例から見たハラスメントの状況

の根拠とするものである。この対応策は、パワハラの防止対策が進むというメリットがある一方、構成要件の明確化（刑事罰を科す以上、パワハラを厳密に定義することが不可欠）が難しく、制裁の対象範囲が限定されてしまうなどのデメリットがあるという指摘がなされた。

②は、パワハラが民事上の不法行為に当たり得ることをより明確にできるなどのメリットがある一方、最高裁判例などにより定着した規範がない中で、法律要件を明確化し、労使等関係者に理解を得られる規定を設けることが困難であること、既に不法行為等による救済が行われている中で、防止対策としての効果、実効性が不明確との指摘がなされた。

③は、セクハラ対策等を参考に、事業主に対し、パワハラ防止等のための雇用管理上の措置を義務付け、違反があった場合の行政機関による指導等について法律に規定することで、パワハラが生じない就業しやすい職場環境の整備を図ろうとするものである。この場合、対象となる行為の具体例やそれに対して事業主が講ずべき雇用管理上の措置を、セクハラ等に倣って指針において明確に示すことを前提としている。

これについては、①、②に比べて効果が弱いというデメリットを指摘する意見もある一方、現実的であり、セクハラ等の例に鑑みても一定の効果が期待できるなどとして、支持する意見が多く見られた。他方、業種や職種により「平均的な労働者」の感じ方が異なり、どのような場合がパワハラに該当するのかの具体例の集積が不十分であり、必ずしもパワハラに関する共通認識が形成されているとはいえない状況にあること、中小企業での取組みが難しいことから、この対応策に対する反対意見も示された。

④は、パワハラ防止等のためのガイドラインを設けて、これに基づいて職場環境の整備を図ろうとするものであり、③も法律に基づく指針を設けることから、これに類似したものであるが、大きな相違点は法的根拠のないガイドラインで対策を進めようとする点である。これについては、行為者に対する制裁の効力、行政等による強制力も弱いことから取組みが進みにくい懸念があるとのデメリットが指摘された。

⑤は、①から④までのいずれの対策をとった場合でも、それらと複合的・総合的に取り組み得るが、現行の対策に比べてパワハラの防止対策を強化し

96

たことにはならないとの指摘がなされた。

4　本書におけるパワハラの捉え方

　検討会では、パワハラ防止対策について、相当な時間をかけて議論したところ、最終的には、上記③及び④に絞られた形になったが、検討会としては最終的な結論を得るに至らず、検討会での議論を踏まえて、労働政策審議会に検討を委ねることとなった。

　検討会の議論を聴いていて気になったこととして、次の2点を挙げたい。

(1)　パワハラの類型について、提言で示された6つをそのまま踏襲しているが、これは適切といえるか。

(2)　パワハラの定義は、提言の通りで良いか。

　まず、(1)について言えば、提言から報告書まで6年余を経過し、その間、パワハラに関する事件は、裁判で争われたものだけでも相当な数となり、都道府県労働局に相談を持ち込まれたものまで含めれば膨大なものになることから、これらの事件を整理分析して、新たな類型を作り上げるか、少なくとも6類型に収まりきれない事件については、できるだけ新たな類型として整理すべきと考えられる。検討会では、定義や類型について提言をそのまま踏襲した理由として、既に多くの企業において提言を踏まえて取組みを見せていることから、これらを踏まえて対策を検討することが望ましいとして、提言を前提にした旨記述している。確かに、提言以降、その定義、類型が広く周知され、これを前提に各方面で取組みが進められていることを考えれば、提言の内容に特段の不都合がない限り、これを尊重していくことは理解できないわけではない。しかし、そのことは、パワハラの定義や類型をそのまま踏襲しなければならないものではなく、提言自体、6類型について、「典型的なものであり、すべてを網羅するものではないことに留意する必要がある。」と記述していることからして、少なくとも類型については、その後の見直し、追加等を想定していたものと見ることが自然であろう。本書では、最近の裁判事例を整理分析した結果、提言の6類型に次の3類型を加えることとして、それぞれについて裁判例を中心に、解説を加えている。

第2章　裁判例から見たハラスメントの状況

⑦　退職強要、解雇その他の処分

⑧　不当な人事考課、極端な降格、昇給・昇格差別等

⑨　正当な権利行使の妨害、権利行使を理由とする不利益取扱い

　次に⑵についていうと、パワハラの定義は提言の通りで良いかという疑問がある。「優越的な関係に基づいて行われること」及び「身体的若しくは精神的な苦痛を与えること、又は就業環境を害すること」については、特に問題はないと考えられるが、問題は「業務の適正な範囲を超えて行われること」である。これは、逆にいえば、「業務の適正な範囲」にある限り、パワハラには該当しないということであるから、例えば、部下の仕事ぶりや勤務態度に問題があり、これに対し注意・叱責を与えることが社会通念上相当と認められる場合、それは「業務の適正な範囲」に当たると考えられるから、その態様が人格否定に及んだり、極端な場合には暴力に及んだりした場合であってもパワハラには該当しないということになる。また、提言の類型⑥は、元々業務に直接関わらない場面での行為であるから、「業務の適正な範囲」の概念は成り立たず、「業務の適正な範囲を超えて」何らかの言動を行うことは想定できないから、これをパワハラの類型に入れること自体矛盾ということになろう。

　ただ、提言の前提となったWG報告では、類型①（暴行・傷害）については、業務の遂行に関するものであっても「業務の適正な範囲」に含まれるとすることはできない、②（脅迫・名誉毀損・侮辱・ひどい暴言）と③（隔離・仲間外し・無視）については、業務の遂行に必要な行為とは通常想定できないことから、原則として「業務の適正な範囲」を超えるものと考えられる、と記述している。この記述からすると、「業務の適正な範囲」ではなく、「業務遂行のための適正な範囲」とすることが適切と考えられる。検討会では、労働側委員から、定義の中の「業務の適正な範囲」について疑義が示されたところ、公益委員の一人がこれを高飛車に遮った場面があったが、パワハラについて自由な議論を展開し、可能な限り合意を形成することを使命とする検討会の場において、このような委員の対応によって重要な論点についての議論が深められなかったことは誠に残念なことであった。

　しかし、その後の労働政策審議会の議論を経て策定された法律案要綱によ

れば、この部分は「業務上必要かつ相当な範囲を超えたものにより」と改められていることから、私の懸念は基本的に解消されたといえる。ただ、「範囲を超えた」というのは、量的な概念であり、類型⑥のような私的な場面での行為は読みにくいことから、この部分は「業務上必要かつ相当な範囲を超え、又は逸脱して」とする方が適切と考えられる。

　以上を踏まえて、本書では、パワハラの類型について「提言」で示された6類型に3類型を加えた次の9類型とする。

① 　暴行・傷害（身体的な攻撃）
② 　脅迫・名誉毀損・侮辱・ひどい暴言（精神的な攻撃）
③ 　隔離・仲間外し・無視（人間関係からの切り離し）
④ 　業務上明らかに不要なことや遂行不能なことの強制、仕事の妨害（過大な要求）
⑤ 　業務上の合理性なく、能力や経験とかけ離れた程度の低い仕事を命じることや仕事を与えないこと（過小な要求）
⑥ 　私的なことに過度に立ち入ること（個の侵害）
⑦ 　退職強要、解雇その他の処分
⑧ 　不当な人事考課、極端な降格、昇給・昇格差別等
⑨ 　正当な権利の行使の妨害、権利行使を理由とする不利益取扱い

5　パワハラ行為の各類型の事例

⑴　暴行・傷害（身体的な攻撃）

　これについては、仮に業務に関連するもので、被害者側に非が認められ、注意、叱責の目的自体には合理性が認められる場合であっても、その手段・方法が正当と認められる余地はないと考えられ、即パワハラと評価される。いわば、一発レッドカードである。

ア　身体の負傷

　一口に暴行といっても、その形態・程度は千差万別であり、負傷にまで至らない程度のものから、刑法の傷害罪に該当するような重篤な傷害をもたらすものまである。

第2章　裁判例から見たハラスメントの状況

①　1年以上にわたる激しい暴行及びそれによる傷害等

　上司等の暴力が裁判で争われた事例は少なくないが、その中での特筆すべきものとして、コンビニのアルバイト店員が、社長及び店長から、1年以上にわたり激しい暴力を受け続けた事件がある（東京地裁平成28年12月20日判決）。

　この事件は、コンビニ店を全国展開する会社との間でフランチャイズ契約を締結し、3店舗を経営する会社（被告）に勤務するアルバイト店員X（原告）が、会社の代表者Y1（被告）及び勤務先の店長Y2（被告）から、居酒屋で居眠りした際、タバコの火を鼻の頭に押しつけられて全治1ヶ月以上の火傷を負ったこと、カラオケで、酒を飲まなかったとしてマイクで何度も殴られたこと、仕事の手順の悪さ等を理由に竹棒で背中を殴られたこと、居酒屋において焼鳥の串で手の甲を刺され、灰皿で頭部を強打された上階段から突き落とされたこと、飲み会の際背中を噛みつかれたこと、鍋やチェーンで頭や背中を強打されたこと、金属製スプーンで殴打されて指を骨折したこと、事務所において仕切板等で頭部・腹部、両足を殴打されたことなど日常的に暴力を受け続けて退職に至ったものである。また、Xは、Y1及びY2から、暴力だけでなく、店舗の金の紛失、金銭管理の不十分さ等を理由に85万円、Y1、Y2やその他の従業員の飲み代200万円等を支払わされたほか、時間外手当を受けることなく時間外勤務や休日勤務を強いられ、これを拒否すると殴る蹴るなどの暴行を受けるなどしたことから、これら一連の暴行等について、会社、Y1及びY2に慰謝料500万円を含む総額3287万円余の損害賠償を請求した。判決では、Y1及びY2の一連のXに対する暴行・傷害は、いずれも適正な業務上の注意、指導の範囲を超えて不法行為を構成するとして、Y1、Y2及び会社に対し、暴行・傷害、不当な金銭負担等について合計930万円余の損害賠償の支払いを命じた。

　後に述べるように、上司等職場で優位な立場にある者が部下等劣位の立場にある者に対して暴行を加える事例は少なくないが、ここまで強烈かつ執拗に暴行を繰り返したものは類を見ないといって良い。Y1、Y2は、傷害罪により処罰されたが当然のことといえる。特に、Y1が居酒屋の階段からXを突き落とした行為は、場合によっては生命にも関わる可能性のあ

100

るもので、殺人未遂罪を適用しても良いくらいの行為といって良い。本件は、異常なまでの暴行が行われたものだが、パワハラに至る経緯を見ると、一つの典型的なパターンが見えて来るともいえる。すなわち、判決でも指摘するように、Ｘは、コミュニケーションが苦手であり、物事がうまくいかないと直ぐ投げ出してしまうことがあって、店舗でも、手順が悪かったり、仕事が遅かったりしたことがよくあったようで、そのことが店長であるＹ₂、更には社長であるＹ₁を苛立たせたであろうことは想像に難くない。したがって、Ｙ₁、Ｙ₂は、当初は通常の指導から入ったものの、その指導の成果が現れないことから、これに苛立って暴行に走った可能性が高いが、両者の一連の行動を見る限り、Ｘの仕事ぶりに苛立ってついやり過ぎてしまったといったレベルをはるかに超えて、いじめ自体を楽しんでいるとしか思えない状況が繰り広げられている。ネットでも、この事件が大きく取り上げられ、Ｘはアルバイトなのだから、早く辞めれば良かったという声も多数寄せられていた。確かに、冷静な第三者の目から見れば、最初にタバコの火を鼻に押しつけられた段階で刑事告訴をして退職することが正解といえるのかも知れないが、恐らくＸは、退職を申し出ることすらできない一種の金縛り状態に陥っていたものと推測される。本件は、極端な事例であるが、以下の事例も、被害者がそうした心理状態に追い込まれていた可能性もある。

② 飲み会でのタバコの火の押しつけ

①でもあったが、飲み会の席で、社長が部下の顔にタバコの火を押しつけた事件がある（京都地裁平成18年8月8日判決）。

この事件は、消費者金融会社（被告）の営業部長Ｘ（原告）が、日頃から社長Ｙ（被告）に罵詈雑言を浴びせられるなどしていたほか、忘年会の席上、Ｙからタバコの火を顔に押しつけられて火傷を負い、これ以降うつ病に罹患し、休職中にＹから強引に出勤を命じられるなどした上、大幅な減俸を受けるなどしたものである。Ｘは会社を退職し、Ｙを傷害罪で告訴した上（有罪）、給与の減額分4660万円余、慰謝料1000万円等を請求した。判決では、タバコの火の押しつけ行為について、会社に対し300万円の慰謝料の支払いを命じたが（その他、罵倒につき50万円、部下の休暇承認の

制裁につき50万円、うつ病慢性化につき300万円（過失相殺3割））、1回の行為についての慰謝料としては異例ともいえる高額であり、それだけに裁判所がこの行為の悪質性をいかに重大視したかを窺わせるところである。

③　自宅に乗り込んでの暴行・傷害

　派遣社員が、派遣元、派遣先の双方から殴る蹴るなどの暴行を受けたとして、双方に対し損害賠償を請求した事件がある（東京地裁平成17年10月4日判決）。

　この事件は、家電量販店に派遣された社員X1（原告）が、(i)接客訓練中に派遣元の上司から頭部を殴打され、(ii)仕事上のトラブルについて派遣先社員から蹴られ、(iii)遅刻の際出勤時刻をごまかしたとして派遣元上司に殴打され、(iv)無断欠勤をしたため自宅に押し掛けた派遣元の上司から、母親の面前で殴る蹴るの暴行を受け、(v)遅刻及び出勤時刻の虚偽報告についての謝罪を強要されたものである。X1は、(iv)について傷害罪で告訴したほか（有罪）、一連の暴行等につき、各行為者に対し、総額700万円の損害賠償を請求した。また、(iv)については、X1への暴行を間近で見ていた母親X2（原告）が急性ストレス性反応状態に陥り、その後も重度のうつ状態が継続したとして、慰謝料500万円を含む総額2584万円の損害賠償を請求したことがこの事件の一つの特徴となっている。判決では、(i)～(iv)の行為をいずれも不法行為と認め、(i)につき20万円、(ii)につき10万円、(iii)につき30万円、(iv)につき100万円の慰謝料を認めている。なお、(iv)によるX2の精神疾患については、元々軽度のうつ病があったことなどを考慮して損害額の3割を減額し、損害賠償額を403万円としている。X2への賠償額が高額となったのは、X2が作家で、(iv)を契機に執筆ができなくなったことから、その逸失利益が認められたことによるものである。

　傷害罪での処罰こそ受けていないものの、刑事告訴があれば傷害罪として処罰されたと思われる事件として、次のものが挙げられる。

④　退職勧奨を拒否した社員に対する労使共同での暴行

　希望退職に応じなかった従業員に対し、様々な嫌がらせをした上、暴力を振るって負傷をさせた事件がある（千葉地裁平成6年1月26日判決、東京高裁平成8年3月27日判決）。

Ⅲ　パワーハラスメント（パワハラ）

　この事件は、航空会社（被告）が、労働組合との協定に基づき希望退職を募集したところ、これに応じなかった従業員Ｘ（原告）が、管理職及び労働組合幹部から退職を迫られ、これを拒否すると、侮辱的な言辞を弄するなどの嫌がらせを受け、更に意に反する配置転換をされた上、その３年後、管理職や労働組合幹部らから、「気違い、赤ダニ」などと罵倒を繰り返され、タバコの火を顔に押しつけられ、顔面を蹴るなどの暴行をされた上、一人から腰投げを掛けられ、後頭部打撲で１ヶ月ほど入院を余儀なくされたものである。Ｘは、侮辱発言、暴力行為、不当な配転は不法行為に当たるとして、これらを行った管理職や労働組合幹部らに対し総額3700万円の損害賠償を請求したところ、第１審、控訴審とも、被告らに対し300万円の損害賠償を命じた。

⑤　「タバコ臭い」と真冬に扇風機で送風

　暴力というと、殴る、蹴る等の有形力の行使が一般的であるが、「タバコ臭い」と言って、部下に対して、真冬に扇風機で送風をし続けた事件がある（東京地裁平成22年７月27日判決）。

　この事件は、消費者金融会社（被告）の部長Ｙ（被告）が、心臓発作を避けるためと称して、真冬に喫煙者である部下Ｘ1（原告）に向けて複数の扇風機で送風したほか、仕事のやり方について激しく叱責し、どのような処分にも異議を唱えないなど始末書を提出させるなどしたため、Ｘ1は抑うつ状態で１ヶ月の自宅療養を余儀なくされたものである。Ｙは、この外にも、部下Ｘ2、Ｘ3（いずれも原告）らに対し、激しい罵倒、妻に対する侮辱、暴行を繰り返すなどしたことから、判決では、Ｘ2に対する不法行為（「給料泥棒」との叱責、「給料をもらっていながら仕事をしていませんでした」との念書の提出等）、Ｘ3に対する不法行為（背中への段打、膝への蹴り、妻への侮辱）を認め、Ｙ及び会社に対し、慰謝料として、Ｘ1、Ｘ2、Ｘ3につき、それぞれ、60万円、30万円、10万円を支払うよう命じた。

⑥　新任警察官に暴行、侮辱、退職強要

　採用後間もない警察官が、上司や同僚らから、暴行、侮辱を受け、退職を強要された事件がある（東京地裁平成20年11月26日判決、東京高裁平成22年１月21日判決）。

第2章　裁判例から見たハラスメントの状況

　この事件は、警察署に勤務する採用2年目の警察官X（原告）が、病気のため分限休職処分を受け、休職中に、退職勧奨に応じないとして、課長から「野郎、おちょくってんのか」と暴力を振るわれて全治1週間の負傷を負い、更に、復職後に、遅刻、早退、欠勤を繰り返したところ、職場に「欠格者」などと記載された写真入りのポスターを貼られ、更に、「税金泥棒」、「早く辞めろ」などと言われ、火の点いたタバコを投げつけられるなどしたものである。Xは、これらのいじめを新任課長に訴えたところ、「命令を聞かない奴は撃ち殺す」などと言われ、上司らを庇う発言をされたことから、東京都及び4人の上司に対し1000万円、その他6人に対し300万円の損害賠償を請求した。

　第1審では、被告らの一連の行為は退職勧奨の限度を超えた違法なものであるとしながら、上司らの行為がXの勤務態度にも起因していることも考慮して、東京都に対し、慰謝料270万円の支払いを命じた。控訴審でも、基本的には原審と同じ立場に立ちつつ、Xの勤務態度の悪さを一層強調し、不法行為の範囲を、「欠格者」ポスターの掲示、拡声器を使用しての名誉毀損行為、火の点いたタバコの投げつけ、警備艇を急転舵してXを転倒させて傷害を負わせた行為に限定し、これら不法行為は、上司らが、Xの勤務態度に鑑み、Xに任意に退職してもらって円滑な業務を維持することが望ましいとの考えの下に行われたと、その動機について一定の理解を示し、慰謝料等を165万円に減額した。

⑦　暴行、暴言、長時間労働により自殺

　飲食店の店長が、上司の暴行、罵倒を苦にして自殺した事件がある（東京地裁平成26年11月4日判決）。

　この事件は、飲食店の店長Zが、ミスをするたびに、エリアマネージャY1（被告）から、「使えねえな」などと罵倒され、尻、頭、頬を叩かれるなどしたほか、服にライターの火を近づけられるなどして自殺に至ったものである。Zの両親（原告）は、Zの自殺は、過重な長時間労働とY1によるパワハラに起因するとして、Y1に対しては不法行為、代表取締役Y2（被告）に対しては会社法429条1項（役員の損害賠償責任）、会社（被告）に対しては安全配慮義務違反等に基づき、逸失利益4588万円余、慰謝料4000万円等、

104

労災補償による損益相殺分を控除して総額7309万円を請求した。判決では、Y1のZに対する一連の行為は不法行為に該当し、Y1の行為及び長時間労働とZの自殺との間には相当因果関係が認められるとして、Y1、Y2及び会社に対し、連帯し7700万円から労災補償分を控除した額を支払うよう命じた。

⑧ 神社の宮司が神職に暴行・解雇

暴行事件は、神社でも起こっている（福岡地裁平成27年11月11日判決）。

この事件は、神社（被告）の神職X（原告）が、宮司Y（被告）から指導を受けた際、みぞおちを殴打され、顔面を叩かれるなどの暴行や、「いつかお前を本気でぶん殴りそうな気がする」、「根性焼きしようか」、「たった一人の腐ったみかんがあったら全部腐ってしまう」、「今までの40年間はどぶに捨てたと思え」などの暴言を受け、神職として不適格であるとして退職を求められた上、業務懈怠、業務上の過誤、笛、神楽歌及び衣紋（装束を装着させて整える作業）等神職として備えるべき素養の欠如等を理由に解職されたものである。Xは、Yによる継続的な暴行、被害届提出への報復としての解職につき、Y及び神社に対し、慰謝料600万円を請求するとともに、神社に対し、雇用契約上の権利の確認と不払いの賃金及び時間外割増賃金の支払いを請求した。

判決では、Yによる暴行・暴言は不法行為に当たるとしながら、Yの言動には正当な業務命令もあったとして、Y及び神社に対し、慰謝料等110万円の支払いを命じたほか、解職を無効とした。本件は、これらパワハラ問題だけでなく、神職の労働者性についても判断を示している点も特色となっている。すなわち、神社は、神職は神に仕える者として労働者性を否定したが、神社はXに対し「給与」の名目により毎月一定額を支給し、税の源泉徴収を行い、各種社会保険料を控除していることなどから、その金銭は労務提供の対価と評価できるとして、Xを労働基準法上の労働者と認めた。

このほか、上司による暴行が問題となった事件として、(i)人材派遣業等を営む会社に勤務する従業員が、社長から罵倒、暴行を受け、会社に損害をかけたとして7000万円を請求されるなどして自殺した事件（名古屋地裁平成28年1月15日判決）、(ii)市役所の職員が、職場の先輩から日常的に暴行、罵倒を受けて体調不良により休職した挙げ句、自殺に至った事件（さ

105

いたま地裁平成27年11月18日判決)、(iii)村役場の職員が、勤務態度が悪いとして暴行を受けたとされる事件（水戸地裁平成24年9月14日判決）がある。(i)については、社長の暴行及び退職勧奨が与えた心理的負荷は過重で、これによって自殺に至ったとして、会社及び社長に対し、慰謝料2800万円を含む総額5947万円余の支払いを命じた。また、(ii)については、両親の請求について慰謝料2200万円、逸失利益3799万円余と算定されたが、自殺には自殺した職員の既往症が重大な要因となっていること、両親には同職員と同居しながらその精神状況の悪化に対応しなかった過失があるとして、損害額の8割が控除された。更に(iii)については、暴行は軽く、これによってうつ病に罹患したとはいえないとして、村に対する慰謝料等の額を33万円とした。なお、この事件では、暴行を受けた職員の勤務態度の余りの劣悪さを判決でも指摘しており、そのことが損害額を低く算定した一因となっていると思われる。職員の態度は、単に劣悪というだけでなく、上司を挑発して暴行させるように仕向けたと疑われる節もあることから、上司としては、特に不良な部下への叱責に当たっては、十分な注意をすることが求められるといえる。

イ　暴力を原因とする精神障害の発生

①　部下から注意を受けた上司の暴行等によるショック

　上司の仕事ぶりを注意した部下が暴行を受け、長期休職に至った事件がある（名古屋地裁平成18年9月29日判決、名古屋高裁平成20年1月29日判決）。

　この事件は、衣料品メーカーの店長代行X（原告）が、店長Y（被告）の仕事ぶりにつき、日誌に反省を求める記載をしたところ、Yから頭部や背部をロッカーに打ち付けられたり、頭突きを喰わされたりして負傷し、長期休職に至ったものである。Xは、その3年後、休職中に管理部長Zに対し電話で本事件の報告書の提示を求めたところ、「いい加減にせえよお前、何考えているんかこりゃー、ぶち殺そうかお前」などと罵倒されたことにショックを受けて病院に搬送され、Yからの暴力及びZからの発言により被害を受けたとして、Y及び会社に対し、休業損害、慰謝料、逸失利益等総額5932万円を請求した。第1審では、Yの暴行及びZの発言はいずれも不法行為に当たるとして、休業損害904万円余、慰謝料500万円を認めた

が、損害の発生及びその持続にはXの性格的傾向による影響が大きいとして、損害額の60％を控除した。控訴審でも、ほぼ同旨の判断がなされ、賠償額が若干増額された。

② 元請会社の管理者からの暴行を契機に自殺

現場技術者が、元請会社の管理者から激しく殴打され、約半年後に自殺した事件がある（福岡地裁平成21年12月2日判決）。

この事件は、月間100時間を大幅に超える長時間労働を長期にわたって強いられていた空調設備工事会社（被告）の現場施工管理者Z_1が、手違いを起こして元請会社の課長Z_2から激しく殴打され、その後精神的な落ち込みを見せ、暴力事件から半年後に自殺に至ったものである。Z_1の妻及び両親（原告）は、会社に対し、安全配慮義務違反を理由に、逸失利益、慰謝料、弔慰金等総額1億1934万円を支払うよう請求した。判決では、Z_1の長時間労働、精神的緊張を伴う仕事の内容から、Z_1は量的・質的に過重な労働により自殺に至ったもので、自殺と業務との間には相当因果関係があるとして、会社に対し、逸失利益4451万円余、慰謝料2400万円の支払いを命じた。なお、Z_1の自殺は、業務上災害と認定されている。

③ 暴力による精神的ショックにより長期休職・解雇

女性が後輩男性に業務上の指示をしたところ暴行を受け、長期休業に至った事件がある（大阪地裁平成13年11月9日判決）。

この事件は、航測会社（被告）に勤務する女性従業員X（原告）が、後輩男性従業員Y（被告）に物品の注文を指示したところ、「自分がやれば良い」と言い返され、更に「俺は女に指示されるのは嫌いだ」と言われて殴打され、顔面挫傷、頸椎捻挫の診断を受け、その後も頸部、顎関節などに激しい痛みを訴えて欠勤を続けたことから、事件の4ヶ月後から給与の支給を停止され、更にその2年後に長期欠勤を理由として解雇されたものである。Xは、解雇は無効だとして、会社に対し雇用契約上の権利の確認と賃金の支払いを求めるとともに、会社及びYに対し、治療費411万円余、慰謝料500万円の支払いを請求した。

判決では、Xの傷害はYの暴行によって生じたものではあるが、その後の長期休業は心因的なものが大きく作用していることから、その治療費

第2章　裁判例から見たハラスメントの状況

の全てを加害者の負担とすることは相当ではないが、Yが謝罪しないこと、会社の事務的な対応を考慮し、Xに生じた損害の4割を控除して、慰謝料60万円を認めた。また、Xは、上司がその病状を気遣い出勤扱いにすると述べたとして賃金全額の支払いを主張したところ、出勤扱いは1、2ヶ月を想定していたと見るのが相当として、4ヶ月以降の賃金の支給停止を相当と認めた。

(2)　脅迫・名誉毀損・侮辱・ひどい暴言（精神的な攻撃）

　パワハラの最も中心となる類型といえる。他の類型に分類される事案であっても、そのほとんどは侮辱や暴言が併せて行われていることから、本書では、その他の要素のあるものは原則としてそれぞれの類型に分類し、専ら言葉によるパワハラのみ、この類型に分類することとする。

　部下等が、仕事の出来が悪かったり、勤務態度が不良だったりした場合、上司としては、これに注意を与え、場合によっては叱責に及ぶこともあろうが、これが業務上の指導として許容される範囲内のものである限り、パワハラとは評価されない。しかし、これらの言動が許容範囲を逸脱して行われたと評価された場合には、パワハラと認定され、行為者若しくはその使用者又はその双方は、不法行為や安全配慮義務違反の責任を負うこととなる。

　では、叱責等の行為が許容範囲内にあるか否かは、どのようにして判断されるのであろうか。裁判事例によれば、叱責等が正当性を有するか否かは、その目的及び態様によって判断されている。すなわち、叱責等の目的が正当であり、かつ、その態様が社会通念に照らして相当性が認められると判断された場合に、その叱責等は正当とみなされるのであって、逆にいえば、目的と態様のいずれかが不当、不適切であった場合には、許容範囲を逸脱するものとして違法性を帯びるということになる。

　まず、目的に正当性がないものとしては、業務に無関係な私的場面でのいじめが（類型⑥）が挙げられる。その具体的内容については(6)で述べることとするが、目的が正当でない叱責等は、本来叱責というよりも罵倒、嫌がらせなどというべきであって、その程度にかかわらず違法性を帯びることとなる。また、セクハラについても、職場における性的な言動に正当な目的を認

Ⅲ　パワーハラスメント（パワハラ）

めることが想定し難いことから、同様のことがいえよう。一方、目的が正当であっても、相手の人格を否定するような言葉を用いた叱責は違法性を帯びることになると考えられるし、叱責等の言動が必ずしも人格を否定するものとまではいえないとしても、限度を超えた強烈なものは、やはり違法性を帯びる可能性が高いといえる。

　目的自体は必ずしも不適切とはいえないとしても、その態様が問題とされた事例として、次のものが挙げられる。

ア　直接の叱責、罵倒、侮辱

（ア）自殺に至ったもの

① 係長のいじめによる自殺

　医療情報担当者（MR）Z_1が、顧客からのクレームやトラブルが多いため、その直属係長Z_2から、「存在が目障り」、「いるだけでみんなが迷惑」、「お願いだから消えてくれ」、「お前のかみさんも気が知れん」、「給料泥棒」、「どこへ飛ばされようと、Z_1は仕事をしない奴だと言いふらしてやる」などと激しく罵倒されたほか、Z_1が身なりに無頓着で、ふけや喫煙による口臭が酷かったりしたことから、「お前病気と違うか」などと罵倒され、これを苦にして自殺した事件がある（東京地裁平成19年10月15日判決）。Z_1の妻（原告）は、Z_1の自殺が業務に起因するとして、公務災害の認定を請求した。

　判決では、Z_1の自殺を業務上災害と認めたが、その理由として、(ⅰ)Z_2の言動が、Z_1のMRとしてのキャリアだけでなく、その人格、存在自体を否定するなど、言葉の内容が過度に厳しいこと、(ⅱ)Z_1の死後における同僚や遺族に対するZ_2の発言（Z_1の告別式において、Z_1のふけや口臭が酷かったこと、Z_1が医師との意思疎通ができなかったことなどを指摘）からも、Z_2のZ_1に対する嫌悪の感情の側面があること、(ⅲ)Z_2がZ_1に対して極めて直截な言い方をし、傍若無人な発言をしていること、(ⅳ)係の勤務形態が、上司とのトラブルを円滑に解決しにくい環境にあることを挙げている。この事件の異常さは、Z_2が告別式においてまで、Z_1の遺族や同僚に対し、死者を侮辱、冒涜する発言をしている点で、これを見れば、生前のいじめの凄まじさが想像できるというものである。

109

第2章　裁判例から見たハラスメントの状況

②　消防署長のいじめによる係長の自殺

　消防署において、50歳を過ぎて初めて内勤（管理係長）に就いたＺが、以前の職場で確執のあった署長から、経理関係の決裁等に関し、激しく罵倒され、書類を叩きつけるなどされてうつ病を発症し、その後異動になったものの、継続的に入退院を繰り返した挙げ句自殺に至った事件がある（神戸地裁平成14年3月22日判決、大阪高裁平成15年12月11日判決）。Ｚの妻（原告）は、Ｚの自殺は公務に起因するとして公務災害の認定を請求した。

　第1審及び控訴審とも、Ｚは初めて携わる業務に対する不安、緊張により通常の配転を超えたストレスを受けていた上、署長による自尊心を傷つける指示・命令・叱責等により強度の心理的負荷を受けたこと、署長は部下から「殺したい」と思わせるほど日頃から部下に苦痛を与えていたこと、Ｚの業務は超過勤務が相当多かったことに照らせば、公務とうつ病の発症及び自殺との間には相当因果関係が認められるとして、Ｚの自殺を公務災害と認定した。

③　部長のいじめによる市役所課長の自殺

　市役所の課長が、部長から厳しい叱責を受けるなどして自殺した事件がある（名古屋地裁平成20年11月27日判決、名古屋高裁平成22年5月21日判決）。

　この事件は、市役所で幾つか課長を経験して初めて福祉系の課長ポストに就いたZ_1が、直ぐに処理すべき業務が山積する中で、同期生である部長Z_2から、部下とともに厳しい叱責を受けるなどしてうつ病を発症して自殺したものである。Z_1の妻（原告）は、Z_1の自殺は公務に起因するとして公務災害の認定を請求した。

　第1審では、Z_2は、部下から、配慮に欠け、意欲をなくさせる人物と評価されてはいたが、その指導の内容が不当とは認められず、部下の人格を非難するような叱責をしたとは認められないなどとして、Z_1の自殺の原因を公務外と判断し、妻の請求を棄却した。これに対し控訴審では、Z_2は、人前で大声を出して感情的、高圧的かつ攻撃的に部下を叱責することもあり、叱責後のフォローもないことから、パワハラに当たるとして、Z_2が仕事を離れた場面では部下に対し人格的非難に及ぶことはなく、指導の内容も正しいことが多かったことを認めつつも、それはパワハラを否定する

ものではないとして、Z₁の自殺を公務災害と認定した。Z₂の叱責は、Z₁に直接するのではなく、同行した課長補佐等に対してするものであったところ、第1審では、この点を捉えて、Z₁の心理的負担がさほど大きくなかったとしたのに対し、控訴審では、面前での部下に対する叱責は、自分のものとして受け止めて責任を感じるのは自然であるとの判断を示している。

　本件の特色としては、上司が部下の人格を否定するような言い方をしておらず、叱責の内容自体は相当であることを第1審、控訴審とも認めている点である。控訴審では、こうした点を踏まえても、余りに激しい叱責はパワハラに該当するとの考え方を示している。

　このほか、上司による叱責、罵倒等により自殺に至った事件としては、消火器販売等を営む会社の新入社員が仕事の覚えが悪いなどと叱責を受けて自殺し、会社に対し、両親に逸失利益、慰謝料総額7000万円余の支払いを命じた事件がある（福井地裁平成26年11月28日判決）。

（イ）精神障害を発症、増悪させたが自殺にまでは至らなかったもの

① 上司の叱責、罵倒による新入社員の自殺未遂

　新入社員が、上司からの叱責・罵倒によりうつ病を増悪させて自殺を図った事件がある（東京地裁平成21年1月16日判決）。

　この事件は、食品輸入・販売会社（被告）の新入社員X（原告）が、部長から、「馬鹿野郎」、「大学を出ても何にもならない」などと罵倒され、その日行った仕事の内容を報告すると、「事務の女の子でもこれだけの量をこなしている」などと叱責され、指示に従ってうつ病発症の診断書を提出すると、「うつ病見たいな辛気くさい奴はいらない、お前はくびだ」などと30分にわたり罵倒された結果、自殺を図ったものである。Xは一命を取り止め、会社に対し解雇について説明を求めたところ、Xの母が社長から「息子の行動を止めさせろ、息子の人生をめちゃくちゃにしてやる」などと脅されたことから、会社に対し慰謝料200万円を請求した。判決では、部長の発言は、単なる指導の域を超えて、Xの人格を否定したこと、特に部長がXのうつ病を知った後にもこのような言動を続けたことは著しく配慮を欠いたこと、部長の一連の言動は職務に関連して行われたことを認め、会社に対し慰謝料80万円の支払いを命じた。

第2章　裁判例から見たハラスメントの状況

②　上司の罵倒により精神疾患発症

　従業員が、上司から罵倒されてうつ病を発症したとして、慰謝料を請求した事件がある（東京地裁平成26年7月31日判決）。

　この事件は、飲料メーカー（被告）で10年勤務した従業員X（原告）が、上司Y1（被告）から「新入社員以下」、「お前は馬鹿」などと罵倒されるなどしてうつ病を発症し、内部通報制度を利用してY1のパワハラについての責任追及と再発防止を求めたが、コンプライアンス室長Y2（被告）がパワハラに当たらないとしたことから、Y1のパワハラ行為及びY2の不誠実な対応がいずれも不法行為に当たるとして、Y1、Y2及び会社に対し慰謝料等を請求したものである。

　判決では、Y1の発言はXの名誉感情をいたずらに害する行為であること、Xが診断書を提出して3ヶ月の休養を求めたところ、3ヶ月休むなら予定された異動は白紙になり、Y1の下で仕事を続けることになると告げたことは、いずれも不法行為を構成するとして、Y1及び会社に対し、慰謝料450万円等の支払いを命じた（素因減額4割）。一方、Y2については、Xとの間で何度もメールの交換や面談をしたり、複数の同僚から事情聴取を行うなど適切な対応をしたとして、不法行為責任を否定した。

③　産業医の発言により精神疾患を増悪

　産業医の発言が不法行為と認められた事件がある（大阪地裁平成23年10月25日判決）。

　この事件は、自律神経失調症で休職していた財団法人職員X（原告）が、産業医Y（被告）と面談したところ、「それは病気やない、甘えなんや」、「薬を飲まずに頑張れ」、「こんな状態が続いたら生きとってもおもろないやろ」などと言われ、改善傾向にあった病状が悪化し、療養期間が延長されたなどとして、Yに対し、慰謝料等530万円を請求したものである。

　判決では、産業医にはメンタルヘルスにつき一通りの医学的知識を有することが合理的に期待されるとした上で、自律神経失調症のXに対する安易な激励や圧迫的な言動、自助努力を促すようなYの言動によりXの病状が悪化し、復職時期が3ヶ月延びたとして、Yに対し、これによる減収分30万円及び慰謝料30万円を支払うよう命じた。Yとしては、悪気がなかっ

たのかも知れないが、そうだとすれば、医師として精神疾患についての基本的な素養に欠けていたといわざるを得ない。

④ 地位の下の者が集団で上位の者を苛めて精神疾患発症

パワハラは、ほとんどの場合、上司から部下に対して行われるが、地位の下の者が集団で上位の者を苛めて精神疾患に追い込んだ事件がある（大阪地裁平成22年6月23日判決）。

この事件は、6級職に昇格した女性X（原告）が、4級職の女性と同様の補助的業務に就いていたところ、同じ仕事をしながら高い給料を貰っているなどと言われたほか、様々な陰口、侮辱、仕事の妨害を受け、上司に相談しても対応が取られないままうつ病に罹患し、これが業務上災害に当たるとして療養補償給付を請求したものである。判決では、Xに発症した抑うつ状態等は、同僚女性らによるいじめ、嫌がらせとともに、会社が何ら防止措置をとらなかったことが原因であるとして、業務上災害と認めた。

このほか、上司による叱責を苦に、精神障害を発症した事件としては、倉庫会社の従業員が、部長から「あんたなんか要らない」、「能力が低い」などと叱責され、精神疾患を発症したとして、慰謝料等420万円余を請求したが、勤務状態の余りの劣悪さを勘案して28万円のみが認められた事件（東京地裁平成28年7月26日判決）などがある。

（ウ）精神障害にまで至らなかったもの

① 侮辱・恫喝によりベテラン女性が退職

社長が、ベテラン女性に対し侮辱、恫喝を行って退職に追い込んだ事件がある（長野地裁松本支部平成29年5月17日判決、東京高裁平成29年10月18日判決）。

この事件は、医療機器の販売を営む会社（被告）の新任社長Y（被告）が、就任早々、朝礼で「自分の改革に抵抗する勢力は異動願いを出せ」、「50代は転勤願いを出せ」などと述べたほか、50代女性をババア呼ばわりし、経理・総務担当係長のX1（原告）に対しては税務処理の不適切さを理由に降格・減給、賞与につきマイナス考課をし、営業担当係長X2（原告）に対し勤務態度の不十分さを指摘して、倉庫への異動を示唆したことなどから、共に退職したものである。会社は、賞与について、X2につきC評価、X1につき

113

第2章　裁判例から見たハラスメントの状況

D評価として、それぞれ20％、30％減額したほか、退職金も減額したことから、同じ50代女性でYから侮辱を受けたとして共に退職したX3、X4（いずれも原告）とともに、慰謝料等各330万円、X1及びX2につき賞与及び退職金の減額分、X1につき降格による給与の減額分の支払いを請求した。

第1審では、Yの一連の発言は、根拠なく50代の女性を年齢のみによって能力を低く見るものであるとした上で、X1については、退職させる目的で理由のない賞与減額と懲戒処分を立て続けに行っていることは悪質であり、Yが侮辱を繰り返していること、他方、不法行為の期間が3ヶ月にとどまり、継続的な不法行為があったともいえない事情を総合して、慰謝料等を110万円とした。また、X2については、給与に見合った仕事をしていないと根拠なく決めつける侮辱、倉庫勤務の恫喝等を理由に慰謝料等22万円、X3及びX4については個別の不法行為はないとして、慰謝料等5万5000円を認めた。控訴審でも、X1に対する懲戒処分は無効とした上で、会社及びYに対し、X1及びX2に対する賞与の減額分の支給を命じると共に、X1及びX2に対するYの言動は退職を強要する違法なものであり、X3及びX4も退職強要の姿を見て間接的に退職を強いられると考えて退職に至ったとして、X1につき110万円、X2につき77万円、X3及びX4につき各44万円の損害賠償を認めた。また、原告らの退職は会社都合に当たるとして、自己都合退職として支払われた退職金との差額を認めた。

② 女性従業員がワンマン経営者から再三罵倒され退職強要

女性従業員が、ワンマン経営者から再三罵倒され、退職強要を受けるなどした事件がある（東京地裁平成28年2月3日判決）。

この事件は、印刷・出版会社の経理担当女性従業員X（原告）が、社長Y（被告）から「クビ」、「馬鹿かお前は」などと再三罵倒され、長時間の叱責を受け、経理書類の改ざんを指示されるなどし、個人的な雑用の強要、「代わりはいくらでもいる」など退職勧奨されるなどしたことから、Xは、Yによる一連のパワハラ行為を理由に、Y及び会社に対し、懲罰的慰謝料1200万円を含む総額1380万円の損害賠償を請求したものである。

判決では、YがXに対し、個人的な振込み、夕食の買出し等の雑用をさせた行為、現金で商品券を購入し、これを金券ショップで現金化して資金

114

Ⅲ　パワーハラスメント（パワハラ）

洗浄を命じた行為、売上げを水増しした計算書類の改ざんを指示した行為
は、Xに対し、職務外の行為、違法行為を強いるものであり、不法行為に
該当すると判断した。また、Yが、Xの同僚に対し、Xが同人の悪口をいっ
たかのような嘘をいった行為、初めて行う仕事について質問したXに対し、
「馬鹿かお前は」と怒鳴った行為、Xの報告について言い争いになった際、
Xに対し、「お前は馬鹿か」、「お前は親に目の前の石を拾ってもらって育っ
た」などと発言した行為、自らの言い間違いをXの責任に転嫁した行為、
機嫌の悪い時に些細なことで長時間叱責するなどした行為、Xが指示通り
の請求書を作成したにもかかわらず怒鳴りつけた行為等についても、パワ
ハラとして不法行為に該当すると判断した。その上で、Yについては一連
のパワハラ行為につき、会社については職場環境を悪化させたことにつき、
それぞれ損害賠償責任があるとして、慰謝料等110万円の支払いを命じた。
なお、判決では、損害賠償は、損害を金銭的に評価し、不法行為がなかっ
たときの状態を回復させることを目的とするものであるとして、一般的予
防を目的とする懲罰的損害賠償の請求については斥けた。

イ　チャット、メール等を用いた罵倒、侮辱

暴言や侮辱は、通常、面と向かって行われるが、中には、チャットやメー
ルを使って行われる今日的なやり方をとるものもある。

①　代表者がチャットを利用して罵詈雑言

会社の代表者が従業員に対し、解雇をちらつかせるなど、チャットを使
用して罵詈雑言を浴びせた事件がある（東京地裁平成27年1月15日判決）。

この事件は、医師、看護師等の職業紹介を営む会社（被告）の従業員X（原
告）が、会社の代表取締役Y（被告）から、不用意な管理状態のために会
社に多大な損害を与えたことを謝罪する始末書、目標の売上げを達成でき
なかった場合には給与を全額返上する旨の誓約書を提出させられ、Yとの
チャットで、「まじでむかつくお前」、「いなくなって欲しい」、「舐め過ぎだ、
どれだけ損害をかけていると思っているんだ」、「うんざりだ」などの暴言
を繰り返されたほか、Yの指示により、会社に機会損失を生じさせた旨
の始末書を提出させられ、その後も度重なる叱責、始末書の提出等を求め
られたものである。Xは、Yの一連の言動により精神的苦痛を被り退職し

115

第2章　裁判例から見たハラスメントの状況

たとして、Y及び会社に対し、慰謝料300万円等を請求した。

　判決では、Yのチャットでの一連の発言は、仮にXの失態に起因すると
しても、上司の部下に対する指導として許容範囲を超えていること、Yは
Xに不正な業務を命じているから、Xがその目的を達成できなかったとし
ても責められるいわれはないのに、YはXに始末書や誓約書の提出を求め
ていること、Yが根拠も示さずに1000万円など高額の機会費用を請求した
ことはいずれも不法行為に該当するとして、Y及び会社に対し慰謝料の支
払いを命じた。ただ、Xが退職届を提出したのは、不法行為から1年以上
経過後であり、退職1ヶ月後には別会社で勤務していることからすると、
XはYの不法行為によって退職したとまで認められないとして、その額を
50万円としている。

②　事業所内全員に侮辱内容のメールを送付

　損害保険会社の課長代理が、所長から叱責のメールを受けた事件がある
（東京地裁平成16年12月1日判決、東京高裁平成17年4月20日判決）。

　この事件は、損害保険会社のサービスセンター（SC）の課長代理X（原
告）が、所長Y（被告）から、「意欲がない、やる気がないなら会社を辞
めるべきだと思います。当SCにとって迷惑そのものです。あなたの給料
で業務職を何人雇えると思いますか。これ以上迷惑を掛けないでください。」
とのメールを受けたところ、このメールが、X本人のみならずSCの全従業
員に対し送信されたことから、Xが名誉毀損としてYに対し慰謝料100万円
を請求したものである。第1審では、同僚らはXの業務遂行状況を認識し
ており、本件メールはXの社会的評価を下げる具体的事実を指摘している
とはいえず、業務指導の範囲を逸脱したとはいえないとして、Xの請求を
棄却したが、控訴審では、本件メールの内容は侮辱的言辞と受け止められ、
Xの名誉感情を毀損するとして、Yに対し慰謝料5万円の支払いを命じた。

　この事件は、YがXへの叱責メールを全員に送付したことの是非が問題
となるが、これについて、第1審では、Yが他の従業員にまで送信する必
要がないという考え方もできるとしながら、業務指導の範囲内であって、
Xに対する人格権の侵害になるとまでは断ずることはできないと、不法行
為の成立を否定している。しかしながら、X本人に対するメールはともかく、

116

他の従業員にまで送付する必要性は認めにくいし、これを全従業員に送付したことは名誉毀損に該当すると見るのが通常であろう。控訴審ではそうした見地から、Yの不法行為を認めているものの、本件メールの目的は是認できるとして慰謝料を5万円に抑えているところからすると、裁判所は、Xの勤務態度、成績についてのYらの困惑、怒りに相当配慮したことが窺える。

③ 罵倒メール等と家庭内確執により自殺

上司からの、激しく喝を入れるようなメールや罵倒及び家庭内の確執により自殺に至った事件がある（京都地裁平成27年9月10日判決）。

この事件は、建築・土木業を営む会社（被告）の従業員Zが、社長らからしばしば激しく喝を入れるようなメールの送付を受けたり、些細なミスについて罵倒されたりする一方、義父から子育て等について厳しく責められて退職を求められるなどし、自殺に追い込まれたものである。Zの妻及び3人の子は、会社に対し、慰謝料3000万円を含む総額1億3394万円余の損害賠償を請求した。なお、Zの自殺は業務に起因するとして労災認定された。

判決では、Zの時間外労働時間が恒常的に100時間を超え、休日も十分に取れず、社内で唯一宅地建物取引主任者の資格を取得しているZの負荷が高かったとする一方、社長からのメールは、強い言い回しではあったものの、業務に関する指導・叱責の範囲内という余地があり、Zを狙い撃ちしたものではないとしながら、Zの過重労働と精神障害の発症及び自殺との間には相当因果関係が認められるとして、会社に対し、慰謝料2000万円を含む1億1633万円を支払うよう命じた。判決では、Zの家庭内の問題にも触れ、義父との確執は、それ単独で自殺の原因となると認め、Zの自殺につき、民法719条（共同不法行為）を類推適用して、会社と義父との連帯責任を認めるべきであり、会社は義父との間での求償関係によって別途解決されるべきとしている。

業務上の過重負担等と私的要因とが相まって精神障害の発症に至った事例は少なくないが、それらの大多数は、業務上の事由による精神障害の発症が認められる限り、使用者に対し損害の全額を賠償させ、私的要因に

第2章　裁判例から見たハラスメントの状況

ついては賠償の対象から外している。そうした他の多くの事例と比較して、本件は特異な判断がされたものといえるが、それだけ義父によるＺへの追及が厳しかったということであろう。

なお、業務上の要因と私的な要因が競合し、いずれが主たる要因かで、第１審（業務上の要因）と控訴審（私的要因）で判断が分かれた事件がある（さいたま地裁平成18年11月29日判決、東京高裁平成19年10月11日判決）。

この事件は、医療品等の研究、製造等を業とする会社の従業員Ｚが、不適切な対応を繰り返すなどして部下らから批判される一方、株取引で３ヶ月に800万円の損失を被ったことなどから自殺に至り、労災認定を巡って争われたものである。第１審では、Ｚの自殺を業務上災害と認めたが、控訴審では、Ｚの業務は難しいものではなく、時間外労働も月10〜20時間に留まる一方、株取引による年収を超える損失は重大な心理的負荷を与えたとして、業務上災害と認めた原審を破棄し、Ｚの自殺の原因を業務外とした処分を適法とした。

このほか、チャットを用いたハラスメントとして、女性従業員（原告）について、女性同僚２人（被告）が、チャット上で「コシツ星人」、「コシッさん」と名付け、「うざい」、「個室に行って欲しい」など、中傷、揶揄した事案がある（大阪地裁平成30年12月20日判決）。この行為は、不法行為とされ、同僚２人と会社は損害賠償責任を負うこととされたが、チャットへの書込みの内容は、原告に不快感を覚えさせるにすぎないとして、うつ病との因果関係は否定され、賠償額は６万円が相当とされた。

ウ　大勢の面前での叱責、罵倒による精神疾患の発症

叱責の内容や口調が同じであっても、これが１対１でされるのと、大勢の面前でされるのとでは、通常精神的なダメージは大きく異なると考えられる。「誉めるときは大勢の前で、叱るときは１対１で」とよく言われるが、これは常に当てはまるとまではいえないにしても、部下等に注意、叱責をするに当たっては、留意すべきことであろう。上司が部下に対し、大勢の面前で叱責、罵倒をし、精神疾患に追い込んだものとしては、次の事例が挙げられる。

① 他の従業員の前で「使いものにならない」発言

自動車会社に長期出張をしていた関連会社の社員が、出張先の上司から

厳しい言葉を掛けられてうつ病を発症するなどした事件がある（名古屋地裁平成20年10月30日判決）。

この事件は、自動車製造会社Y₁社（被告）に長期出張中の関連会社Y₂社（被告）の従業員X（原告）が、Y₁社での上司である主査Zから日常的に厳しい指導を受けた上、会議の席上で、「もうY₂社に帰っていいよ。使い物にならない人はいらないから」と言われてうつ病を発症したものである（第1回うつ病）。XはY₂社に戻ってから、エンジンの共同開発に関するY₁社との会議で報告した際、会議に出席したZから、「Y₂社はやる気があるんですか」などと指摘され、更に直属の課長からも「前任者に比べて進捗が遅い」と叱責されて再びうつ病を発症した（第2回うつ病）ことから、2度にわたるうつ病の発症は、Y₁社及びY₂社の安全配慮義務違反によるものであるとして、両社に対し、慰謝料1000万円を含む総額1880万円余の損害賠償を請求した。

判決では、長時間労働等客観的な過重労働には至っていないとしながら、個体側の要因（原告の精神的弱さ）と相まって危険性を招来する程度には達しているとした上で、Zの「使い物にならない」発言について、表現が過酷でパワハラと評価されてもやむを得ないと、その違法性を認定している。判決では明記されていないものの、Zの叱責が大勢の面前で行われたことも、違法性認定の一要素となったものと推認される。ただ、判決では、Zの叱責から第1回うつ病の発症まで5ヶ月間経過していることから、Zの叱責と第1回うつ病との間の因果関係を認めるには至っておらず、他方、Y₂社がXのY₁社への出張期間を延長したことがXのうつ病の発症をもたらしたこと、Y₁社がXの業務遂行状況や健康状態に注意すべき義務を怠ったことが、いずれも安全配慮義務違反に当たるとして、両社に対し、休業損害及び慰謝料合計195万円（うち3割を減額）の支払いを命じた。ただ、第2回うつ病については、予見可能性がないとして、両社の賠償責任を否定した。

② 他の従業員の面前でマネージャー失格発言

生命保険会社のマネージャーが、支社長から、他の従業員らの面前で罵倒されるなどして精神疾患を発症して退職した事件がある（鳥取地裁米子

第2章　裁判例から見たハラスメントの状況

支部平成21年10月21日判決）。

　この事件は、生命保険会社（被告）の女性マネージャーX（原告）が、担当班の成績が不良であるとして、慣行に反して営業所長Y₁（被告）から班を分離させられた上、支社長Y₂（被告）から、他の従業員の面前で、「この成績でマネージャーが務まると思うか」と叱責され、ストレス性うつ病を発症して休職したものである。Xは、休職期間満了により退職となったことから、会社、Y₁及びY₂に対し、慰謝料500万円を含む9800万円の支払いを請求した。判決では、いかにXの班の成績が芳しくなかったとしても、長年マネージャーを務めてきたXに対し、いかにもマネージャー失格であるかのような叱責をすることは、Xの誇りを傷つけ不法行為に該当するとして、Xへの説得を怠って班を分離させた行為と併せて、被告らに対し、慰謝料等330万円の支払いを命じた。Y₂の発言は、その表現方法、他の従業員の面前という場面双方から問題があったといえる。

③　会議の場で労使双方から追及

　社会福祉法人に勤務する看護師が、会議の場で労使双方から追及されて精神疾患を発症した事件がある（名古屋地裁平成17年4月27日判決）。

　この事件は、授産施設等を運営する社会福祉法人（被告）に雇用される女性看護師X（原告）が、労働組合を脱退して個人加盟のユニオンに加入したところ、職員会議の席上、施設所長（被告）、副所長（被告）、労働組合幹部2名（被告）から、「法人の理念に批判的」と攻撃されて休職を余儀なくされ、法人、所長、労働組合幹部らに対し、賃金、賞与相当額のほか、慰謝料1000万円を請求したものである。判決では、会議の進行方法は正当な言論活動の範囲を逸脱し、Xの人格権を侵害する不法行為に当たるとして、Xの主張するPTSDの罹患までは認めなかったものの、被告らに対し、慰謝料500万円の支払いを命じた。

　エ　近親者に絡む叱責、罵倒、揶揄

　人間は、自分だけに向けられた攻撃ならば何とか耐えられても、配偶者、両親といった近親者への侮辱、あるいは近親者の前での罵倒等には耐え難い場合があると思われるが、パワハラ事例の中には、そうしたものも少なからず認められる。

120

Ⅲ　パワーハラスメント（パワハラ）

①　結婚指輪を外すよう命じられ自殺

　新たに主任に昇進した者が、課長から叱責を受けた上、結婚指輪を外すよう命じられて自殺に至った事件がある（名古屋地裁平成18年5月17日判決、名古屋高裁平成19年10月31日判決）。

　この事件は、電力会社において入社19年で主任に昇進したZが、主任昇進を契機に課長から日常的に厳しい指導を加えられ、「いてもいなくても同じ」などと罵倒されるなどしてうつ病を発症した上、「仕事の集中を妨げる」との理由で結婚指輪を外すことを強要されて自殺したものである。

　第1審では、主任昇格は、Zにとって励みになった面はあるものの、課長の指導と相まって、相当程度の心理的負荷を及ぼしたとし、主任昇進がストレスの一因となった旨指摘している。この事件は、Zの自殺が業務上災害に該当するか否かが争われたものだが、第1審、控訴審とも、Zの業務は量的・質的にさほど困難なものではなかったとしながら、課長の指導は、継続的にZに対し心理的負荷を与えるものであったほか、課長がZに対し結婚指輪を外すよう命じたことが、既に発症していたうつ病を増悪させたとして、Zの自殺を業務上災害と認めた。第1審では、「ストレス－脆弱性理論」を前提として、個体側の脆弱性の判断に当たっては、勤務の軽減を要せず通常の勤務に就き得る同種の労働者の中でその性格的傾向が最も脆弱な者を基準とするのが相当とし、Zはそれに極めて近似する者と認定している。本件の場合、仕事の遂行の面で問題があったZに対し、課長が苛立ちをぶつけたものと思われるが、結婚指輪外しの指示の翌日にZが自殺したところからすると、既にうつ病に罹患していたZに対し、この指示が「最後の一突き」となったものと推測される。

②　懇親会で妻の話を持ち出され自殺

　会社幹部が揃った中で、能力の低さに絡めて妻の話を持ち出され、自殺に至った事件がある（大阪地裁平成19年1月12日判決）。

　この事件は、浄水場及びサービスセンター（SC）の所長Z₁が、SC所長研修の懇親会の席上、社長以下会社の幹部が顔を揃える中、取締役Z₂から、「頭はいいのに、何をやらせてもあかん」、「奥さんから主人の相談に乗って欲しいとの内緒の電話があった」などと言われ、その翌日に自殺したこ

第2章　裁判例から見たハラスメントの状況

とから、妻が業務上災害の認定を請求したものである。

　判決では、Z2の発言は、酔余の激励とはいえ、Z1にとっては、プライベートな事情を多数の前で暴露されたこと、しかも信頼する者からされたことは心理的なショックが大きかったとして、Z1の自殺を業務上災害と認めた。Z2は、Z1の仲人を務めたことから、Z1の妻とも面識があったと思われ、それだけに、妻としては、日頃から上司（Z2ではない）に無能呼ばわりされたり、信頼できる部下に退職されるなどして苦しむ夫の力になろうとして、Z2に相談したものと思われる。Z1としては、自分の知らないところで、妻とZ2が連絡を取り合っていること、しかもそのことを公の場で暴露されたことが余ほどショックだったと思われ、そのことは懇親会の翌日に自殺したことからも窺われるところである。

③　上司からの罵倒と先輩からの妻の面前での侮辱により自殺

　海上自衛隊員が、上司から業務に関し叱責され、先輩から妻の面前で侮辱されるなどして自殺に至った事件がある（長崎地裁佐世保支部平成17年6月27日判決、福岡高裁平成20年8月25日判決）。

　この事件は、海上自衛隊の三曹Z1が、直属上司の班長Z2から、「覚えが悪い」、「バカかお前は」、「三曹失格」、「仕事もできないのにレンジャーなんか行けるか」などと叱責、罵倒を受け、一方、以前親しかった先輩の班長Z3に招かれて妻とともに自宅を訪れた際、妻の面前で、「お前はとろくて仕事ができない」、「俺の顔に泥を塗るな」などと罵倒されるなどして自殺したことから、Z1の両親が、国に対し、各5000万円の慰謝料を請求したものである。

　第1審では、Z2の叱責等は不当ないじめには当たらず、Z3の発言は不適切であったが、Z1の発奮を促す意味で行ったことであるとして、両親の請求を棄却した。これに対し控訴審では、Z2の叱責は、Z1に対し積極的な執務や自己研鑽を促す一面があると、一定程度相当性を認めながら、Z1の人格自体を非難・否定する言動であって指導の域を超えているとして、国家賠償法に基づき、実母に200万円、義父に150万円の慰謝料を認めた。一方、Z3の発言については、控訴審においても違法性を認めていないが、妻の面前で無能さについて罵倒・揶揄されることは、特に若い（死亡当時

122

Ⅲ　パワーハラスメント（パワハラ）

21歳）Z₁にとっては耐え難いものと思われ、「発奮を促したもの」として違法性を否定したことには疑問が残る。

このほか、近親者を揶揄したものとしては、「お前のかみさんも気が知れん」、「よくこんな奴と結婚した、物好きな」発言（東京地裁平成22年7月27日判決）、「こんなに給料が下がっているのに離婚しないとは、お前の奥さん頭がおかしいんじゃないか」発言（千葉地裁平成20年5月21日判決）などが見られる。また、仕事ぶりについて叱責された新人医師が、上司から「両親（父親は病院経営）に連絡しようか」と言われるなどして自殺に至った事件（鳥取地裁米子支部平成26年5月26日判決、広島高裁松江支部平成27年3月18日判決）がある。更に、従業員を退職に追い込むため、近親者に圧力を掛けた事例として、市役所に勤務する兄に対し、内部告発をした弟を退職するよう説得を求め、それができなければ辞めさせると脅した事件（富山地裁平成17年2月23日判決）、長期休職後職場復帰しようとした客室乗務員に対し、退職を迫って罵倒、脅迫を繰り返したほか、その親に対し、退職させるよう圧力をかけた事件（大阪地裁平成11年10月18日判決、大阪高裁平成13年3月14日判決）が見られるが、いずれも不法行為に当たるとして損害賠償が認められている。

オ　精神的に疲弊した者に対する叱責、罵倒

叱責や罵倒自体は必ずしも特に悪質とまではいえないものであっても、それが精神的に疲弊した状態の者に向けられた場合には、それが「最後の一突き」となって自殺など悲惨な結果をもたらす場合がある。したがって、上司が部下を叱責するに当たっては、その部下の性格傾向だけでなく、その時の精神状態にも配慮することが求められる。

①　長時間労働の新入社員が罵倒されて自殺

新入社員が、長時間労働を行っていたさ中、上司から叱責・罵倒を受けて自殺した事件がある（大阪地裁平成21年1月14日判決）。

この事件は、パン製造会社の新入社員Zが、新規開店を控えて17日間で178時間の長時間労働を行っていたところ、応援に来た課長が、店長に対し、Zらを「締めてやれ」と指示したり、Zらに対し、「そんなこともできねえのかよ、馬鹿かよ」などと罵倒を繰り返したことから、Zが開店1週

123

第 2 章　裁判例から見たハラスメントの状況

間前に自殺し、その自殺が業務上災害に当たるか否かが争われたものである。判決では、Z は初めての正社員としての勤務で、パートやアルバイトの指導を求められていたほか、上司から高い水準を要求され、応援に来た課長からきつい調子で執拗に厳しく叱責されていたことを踏まえると、業務による心理的負荷は精神障害を発症させる程度に過重であったとして、Z の死亡を業務上災害と認定した。

② 昇進後、事故対応の拙さ等を叱責され自殺

　農協職員が、事件の対応について上司から叱責を受けて自殺した事件がある（釧路地裁帯広支部平成21年2月2日判決）。

　この事件は、農協（被告）に勤務する職員 Z が、残業や休日出勤などが続く中で係長に昇進した後、長芋用おが屑にガラスの破片が混入する事件が発生し、その事件への対応や日頃の仕事ぶりについて、課長から約3時間にわたって叱責を受けたことから、自殺に至ったものである。Z の妻及び子（原告）は、過重な業務により Z を精神障害に罹患させ、自殺に追い込んだとして、農協に対し逸失利益、慰謝料等7000万円余を請求した。

　判決では、Z の自殺が業務に起因するものと認めた上で（労働基準監督署長により業務上災害と認定）、農協は Z の疲労や体調不良による悩みを認識することが可能であったから、Z の業務量を軽減する義務があったにもかかわらず、短期のアルバイトの増員のほかは業務負担軽減措置を講じず、初めて管理職に就く Z をフォローしない中で本件事件が発生し、更に課長による長時間の叱責が決定打となってうつ病を悪化させたとして、農協に対し、逸失利益7257万円余及び慰謝料3000万円の支払いを命じた。

③ 新入社員が長時間労働と叱責により自殺

　新入社員が、長時間労働と上司からの叱責により精神疾患を発症して自殺に至った事件がある（仙台地裁平成25年6月25日判決）。

　この事件は、貨物自動車運送事業を営む会社（被告）に採用された Z が、入社以来、最初の1〜2ヶ月を除いて毎月100時間あるいはこれを超える時間外労働、それも肉体的負荷の高い労働を強いられ、上司 Y（被告）から「何でできないんだ」、「何度も同じことを言わせるな」、「バカ野郎」などの叱責を受け、これらが相まって、入社後半年で自殺したものである。

判決では、Yの叱責についてはパワハラとは認められないとしてYの賠償責任を否定したものの、質量とも過重な労働によってZが自殺に至ったとして、会社に対し、慰謝料2000万円を含む総額7000万円の支払いを命じた。Zは、飲酒して出勤した際、Yから「そういう行為は解雇に当たる」などと厳しく叱責され、その翌日に自殺したものだが、判決では、既にその時点でZは業務に起因して適応障害を発症しており、飲酒しての出勤はそれによる問題行動であるとして、会社の主張する過失相殺を否定した。どのような仕事でもそうだが、特に、貨物運送事業を行う会社において、飲酒して出勤することは論外であり、YがZを厳しく叱責したこと自体は、上司として当然の行為であるが、その時点でZは精神疾患を発症していたことからすると、対応により慎重な配慮が必要であったといえる。

カ　風評、噂の流布による名誉毀損

言葉により相手を傷つける方法としては、名誉を傷つけるような風評を流布することも含まれる。仮に問題のある言動があった場合、それが直接指摘されるのであれば、言われた側も反論もできるし、筋道の通った指摘であれば納得できる場合もあろう。しかし、風評を流布された場合、流された側は、仮に事実に反するような内容であったとしても反論のしようがなく、精神的に傷つけられることになるであろうから、これもパワハラの一種といえる。

風評の流布、誹謗中傷には、大別して、性的関係に関連するものと業務に関連するものとがある。

（ア）性的な風評の流布

女性が上司から、性的な行動について風評を流布され、退職に追い込まれた事件がある（福岡地裁平成4年4月16日判決）。

この事件は、出版社（被告）に勤務する男性編集長Y（被告）が、部下の女性編集者X（原告）について、社内や取引先関係者に対し、その性的関係の派手さ等の噂を流し、Xに退職を求めたため、Xは、Yの行為を専務に訴えて是正を求めたところ、専務は当事者同士での解決を求め、解決に至らなかったことからXが退職に追い込まれ、Yと会社に対し慰謝料等367万円を請求したものである。判決では、Yの行為は、働く女性としてのXの評価を低下させる行為であり、Xの名誉感情その他の人格権を害するものであって、会社

125

第2章　裁判例から見たハラスメントの状況

は被用者が働きやすい職場環境を保つよう配慮する義務があるのにこれを怠ったことが不法行為に当たるとしながら、Ｘの側にも、Ｙに対して攻撃的な行動に及び、対立を激化させる要因を作った面もあるとして、賠償額を請求額の半額以下の165万円としている。

　本事件は、大手新聞が揃って「我が国初のセクハラ裁判」として１面のトップ若しくはそれに近い扱いをしたため、長きにわたってセクハラ事件の代表例としての扱いを受けてきたが、通常のセクハラ事件に見られる代表的な言動である性的関係の強要、身体への接触、卑猥な言動のいずれも見られないことからすれば、広い意味でのセクハラ事件とはいえるにしても、代表的事例に挙げるのは適当とは思われない。ＹがＸの人格を傷つけ、退職に追い込んだ事情、「セクシャルハラスメント」は、判決当時既に一般的な用語になっていたにも拘わらず、判決文の中で「セクシャルハラスメント」あるいは「セクハラ」を用いていないことなどを考えれば、この事件はセクハラ事件というよりもパワハラ事件に分類する方が適切と考えられる。本判決の意義は、初めてのセクハラ判決ということよりも、上司による職場環境を悪化させる言動を安全配慮義務違反として捉え、会社に対しハラスメントについて債務不履行に基づく損害賠償責任を、恐らくは初めて認め、安全配慮義務の考え方をハラスメント防止にまで拡大した点にこそあると思われる。この判決以降、セクハラに関する損害賠償請求訴訟が続々と提起されたことからすると、この事件自体をセクハラ事件と呼ぶか否かはともかく、ハラスメントについて大きな一石を投じた事件といえよう。

　この外、性的な風評を流布された事件としては、鉄道工業会社において、上司らから、性的関係を求められたり、身体を触られたりするなどしていた女性従業員が、支店長と一緒に下請回りをしたり、偶々同じ日に休暇を取ったりしたことから、特別な関係にあるとの噂を流され、噂を広めた上司ら及び会社に対して慰謝料200万円の支払いが命じられたもの（静岡地裁沼津支部平成11年２月26日判決）、割賦販売会社において、女性アルバイトが部長と男女関係にあるとの虚偽の噂を流され、解雇されたことについて、会社、社長らに対し慰謝料150万円の支払いが命じられたもの（東京地裁平成14年７月９日判決）がある。

126

Ⅲ　パワーハラスメント（パワハラ）

（イ）業務に係る風評の流布

①　後輩の風評流布により自殺

　上司が後輩による誹謗中傷を受けて自殺に至った事件がある（東京地裁平成21年5月20日判決）。

　この事件は、社員食堂を運営する会社において、入社に当たって世話をした食堂店長Z1が、その世話を受けたZ2から、職権を濫用した売上金の着服、金銭の窃取、部下女性へのセクハラ、部下が窃取したビールの飲酒等を内容とするビラを重要な顧客に持ち込まれ、会社から厳しい取調べを受けたほか、その後社長にも同様のビラを送付され、これを苦に自殺し、遺族が労災保険の遺族補償給付等の支給を求めたものである。判決では、本件ビラの配布、事情聴取により受けたZ1の心理的負荷の強度は、認定基準の「Ⅲ」に当たり、その心理的負荷の総合評価は「特に過重」であるとして、業務上災害と認定した。それにしても、Z2としては、入社に当たってZ1の世話を受けながら、Z1に対しかくも陰湿な嫌がらせをすることは理解に苦しむところであるが、判決からはその動機を読み取ることはできない。

②　退職した従業員が会社から誹謗中傷

　退職した従業員が、会社から誹謗中傷を受け、慰謝料を請求した事件がある（名古屋地裁平成29年3月24日判決）。

　この事件は、引越会社（被告）が、退職した従業員X（原告）について、「在職時、悪徳マルチ商法にはまり」、「他の従業員を強引に勧誘したことが原因で退職」、「Xはマルチ商法の子を作ろうと言葉巧みに近づいて来る、一生を棒に振っても良いか。」などと記載された紙を開示するなどしたことから、Xが名誉を毀損されたとして、会社に対し慰謝料300万円を請求したものである。判決では、会社の行為は、公然性が認められ、Xの社会的評価を低下させること、会社の開示行為は、公共性が認められないから違法性が阻却されないことなどを理由に、会社に対し慰謝料30万円の支払いを命じた。

キ　始末書の強要

　従業員が何らかの非違行為をした場合、反省を促し、再発を防止するために、始末書、反省書、顛末書（以下「始末書等」という。）を求めることが見られる。始末書等を提出させること自体は、通常は使用者の人事管理権の一環として

第2章　裁判例から見たハラスメントの状況

認められており、これが直ちにパワハラとなるものではないが、やり方によってはパワハラと評価されることもあるので、注意が必要である。始末書等を求めるようなケースはそれほど悪質ではないものが多く（悪質なものは直ちに懲戒処分となる）、従業員が素直に提出をすれば、通常それで一件落着となるが、従業員がこれに反発して提出を拒否した場合には、深刻な事態に陥ることがある。

①　始末書提出拒否により解雇

　始末書の提出を強硬に拒否したトラック運転手が解雇された事件がある（福岡地裁小倉支部平成9年12月25日仮処分決定）。

　この事件は、運送会社（債務者）において、髪を派手に染めたトラック運転手X（債権者）に対し、専務Zが髪を黒くするよう指示したところ、Xは髪をある程度黒くしたものの、Zはこれに満足せず、更にXに始末書の提出を命じたところ、Xがこれを拒否したことから、Xを諭旨解雇処分としたものである。決定では、Xが一応目立つ風貌を自制する態度に出たにもかかわらず、Zが追い打ちをかけるように始末書の提出を求めた態度は、「企業の円滑な運営上必要かつ合理的な範囲内」と解することはできないとして、解雇を無効とした。

②　侮辱内容の始末書の強要

　消費者金融会社の部長Y（被告）が、部下X1（原告）に対し、激しく罵倒し、いかなる処分にも異議を唱えない旨の始末書を提出させたほか、部下X2（原告）に対し「給料をもらっていながら仕事をしていませんでした」という始末書を提出させた事件がある（東京地裁平成22年7月27日判決）。

　この事件は、始末書の提出のみならず、Yによる複数の部下に対する暴力行為、人格を傷付ける罵倒等多岐にわたっているが、始末書に関していえば、X1、X2とも指示に従って提出している。その理由としては、両者が期間雇用であったことから、雇止めを恐れたものとみられる。判決では、始末書についての特段の記述はないが、他の暴力行為、暴言等と合わせて、Y及び会社に対し、10万円から60万円の慰謝料の支払いを命じた。

③　始末書の提出を拒否して出勤停止処分

　教師が、始末書の提出を拒否して出勤停止処分を受けた事件がある（青

森地裁弘前支部平成12年3月31日判決)。

この事件は、学校法人(被告)が経営する女子高校の入学式において、教師X(原告)が、生徒の名前をうまく読み上げられなかったほか、登壇の際、日の丸に一礼しなかったとして校長から注意を受け、一旦はこれで収まったところ、その後理事長の意を受けた校長から、日の丸に一礼しなかったことにつき始末書の提出を指示されてこれを拒否したため、4日間の出勤停止処分を受け、その取消しを求めたものである。

判決では、本件始末書の提出について、一定の非違行為ないし不都合な行為に対する本人の反省の意を表す反省文と位置付けた上、このような始末書の提出を強制する行為については、労働者の人格を無視し、意思決定ないし良心の自由を不当に制限するものでない限り、労働者が正当な理由なくこれに従わない場合には懲戒処分をすることができるが、就業規則に定められた非違行為とはいえない場合にまで始末書の提出を要求することは許されないとの考え方に立って、本件の始末書の強要は懲戒権の濫用として無効と判断している。

このほか、勤務態度を是正するために使用者が従業員に対して始末書等の提出を求め、これを拒否したことを理由として解雇に及んだ事件は少なくないが、これらはいずれも解雇無効とされている(京都地裁舞鶴支部昭和51年4月28日判決、大阪地裁堺支部昭和53年1月11日決定、名古屋地裁昭和53年9月29日決定)。

(3) 隔離・仲間外し・無視(人間関係からの切り離し)

使用者は、自己の指示、命令に従わない従業員に対し、注意、指導、叱責等を行うことができるが、これらは従業員に反省を求め、今後の業務を円滑に遂行させることが目的であり、その態様も社会通念上相当の範囲内で行うことが求められる。したがって、従業員が何らかの非違行為を行った場合に、その従業員に対し、不必要に席を隔離するとか、必要な情報を与えないようにするとかいった、いわば「村八分」状態とすることは、一般的にはパワハラに該当し許されないものと解される。こうした事例としては、次のようなものが挙げられる。

第2章　裁判例から見たハラスメントの状況

① 女性を肉体労働に配転した上、事務所への立入禁止

女性従業員が、これまで就いたことのない肉体労働に配転された上、席を事務所外に移された事件がある（福岡地裁小倉支部平成16年11月4日判決）。

この事件は、自動車タイヤの輸入販売会社（被告）で事務作業に従事していた女性従業員Ｘ（原告）が、社長と口論になって解雇され、仮処分を申し立てて解雇が撤回されたところ、机と椅子をタイヤ梱包場に移された上、事務所への立入りを禁止されたものである。判決では、Ｘが商品知識に乏しく、男性従業員に電話の交替を依頼することがあったとしても、それが配転の合理的な理由にはならないとした上、タイヤの梱包作業や積み降ろし作業は、それまで女性が就いたことがなく、Ｘをこれに従事させる人員として選択することには合理性がないと判断した。また、Ｘの机や椅子を梱包場に置いたり、事務所への立入りを禁止したりしたことについては、その必要はなく、できるだけＸを事務所から遠ざけ、あわよくば孤立感を感じて自主的に退職することを意図して行ったとして、配転命令の無効と併せて、会社に対し慰謝料等55万円の支払いを命じた。

② わいせつ行為をした大学教官を長期間隔離

わいせつ行為等を理由に停職処分を受けた大学教官が、処分期間満了後においても部屋を隔離されるなどして仕事を与えられなかったことから、精神障害を発症した事件がある（鳥取地裁平成16年10月12日判決）。

この事件は、女子学生を酩酊させてラブホテルに連れ込みわいせつ行為をしたほか、その後同人に対し恋愛感情を吐露したメールを送り、付き合わなければ友人の卒論の単位を取り消すと迫るなどして6ヶ月の停職処分を受けた大学助教授Ｘ（原告）が、処分期間満了後も、学生に対する講義及び研究活動の停止、部屋の隔離、化学棟への立入り禁止、セクハラ研修会への出席、セクハラに関する論文の提出等を命じられて精神障害を発症したとして、大学に対し慰謝料等1650万円を請求したものである。判決では、学生に対する講義、研究指導等を停止したことは適法としながら、一人部屋への移動の必要性は認められず、研究予算も留保されて、特段やることもないまま一人部屋に1年10ヶ月にわたって置かれたことは、Ｘの不当な行為を前提としても、受忍限度を超えるとして、大学に対し慰謝料等

130

110万円の支払いを命じた。

　本件は、部屋の隔離等の措置に至ったのは、Xの許し難い非行によるものではあるが、処分が明けてからも、なお長期間にわたって隔離を続けたことは、学生との接触を避けるために授業、研究指導等から外したことと異なり合理性がないと判断されたものであり、Xが2度にわたって自殺未遂を繰り返したことも、判断に影響を与えたとも考えられる。

③ 禁煙を求めた者の席を隔離

　事務所内での禁煙を強く求めた従業員の席を隔離したことなどから、その従業員が損害賠償を請求した事件がある（東京地裁平成27年11月19日判決）。

　この事件は、ペースメーカーの手術を受け、医師から受動喫煙についても制限するよう指示された自動車学校（被告）の指導員X（原告）が、分煙ではなく事務所内を禁煙とするよう学校に強く要求したところ、席を順次移動させられ、出入口から遠い位置とされたことから、職場での受動喫煙を防止する義務を怠る安全配慮義務違反があったこと、周囲からパワハラを受けたことを理由に慰謝料等を請求したものである。判決では、学校が安全配慮義務を一応果たしていたとした上で、上司らのXに対する叱責は、事実誤認等によるものも含まれてはいるものの、不法行為までは認められないとして、Xの請求を棄却した。ただ、Xの席の移動が始まったのは、Xが受動喫煙についての意見を述べてから間もなくであることからすると、席の移動は嫌がらせの可能性も考えられる。

(4) 職務上明らかに不要なことや遂行不可能なことの強制、仕事の妨害（過大な要求）

　使用者が、労働者に対して業務の遂行を命じることは当然であるが、その内容が、労働者の能力に比べて余りにも過大である場合、解雇等の不利益取扱いを目論んで、達成不能のようなノルマを与えるような場合は、パワハラに該当すると考えられる。

① 不正経理を行った所長が責任を追及されて自殺

　不正経理を行った者が、その責任を追及されて自殺した事件がある（松山地裁平成20年7月1日判決、高松高裁平成21年4月23日判決）。

第2章 裁判例から見たハラスメントの状況

　この事件は、道路建設会社（被告）の営業所長Z1が、受注高、出来高等につき虚偽の報告をし、これが支店に発覚して不正の全貌を明らかにするよう指示されたにもかかわらず、不正の一部を示すに留めて架空出来高の解消に取り組んでいたところ、支店の部長Z2から「会社を辞めても楽にはならないぞ」などと言われて、全て自分が悪いとの遺書を遺して自殺したものである。Z1の妻及び子（原告）は、Z1の自殺は限界を超えたノルマや叱責が原因であるとして、会社に対し、逸失利益、慰謝料等総額1億3000万円を請求した。なお、本件は業務上災害と認定され、妻に対し遺族補償給付等が支給された。

　第1審では、不正経理の目標値が達成困難であり、Z2らの叱責は過重なノルマの強要あるいは執拗な叱責に当たり違法であるとして、会社に対し、6割の過失相殺を含めて5000万円弱の損害賠償の支払いを命じた。これに対し、控訴審では、会社が過剰なノルマの達成や社会通念上相当とみられる限度を著しく超えた執拗な叱責を行ったとは認められないこと、Z1の時間外労働時間も月間64時間ないし74時間と著しいとはいえないこと、職場のメンタルヘルス研修を実施していたことなどから、会社の安全配慮義務違反を否定し、原判決を取り消して、遺族の請求を全面的に斥けた。

　本件は、自殺という最悪の結果を招いた事件であるが、その原因を作ったのは、間違いなく自殺したZ1自身である。会社としては、不正行為があった場合には、これを追及し正すのは当然であり、単なるミスや不十分な対応などの場合よりも責任追及が厳しくなることもやむを得ないといえるが、Z1は、遺書にもあるように、責任は自分にあることを自覚していたため、その罪悪感から、叱責に対する抵抗力が弱まっていたと推測され、こうした不正行為の当事者への叱責、責任追及の難しさを示した事例といえる。

② ノルマ未達成を理由に罵倒、配転

　従業員が、高いノルマを課され、更に異例の異動をさせられてショックを受け、自殺を図った事件がある（長崎地裁平成22年10月26日判決）。

　この事件は、自動車販売会社の従業員X（原告）が、役職定年前に外販担当という異例の配置換えを受け、ノルマ達成のために休日出勤を含む長時間労働を強いられたほか、部長Zから「売上げが上がらない役に立たな

い奴は辞めて良い」、「あんた給料高いだろ、給料の5倍くらい働かなければ合わない」などと他の従業員の前で無能呼ばわりされ、更に販売店への異動という異例の扱いを受けたことなどから、うつ病を発症して自殺を図り、労災保険の休業補償給付を請求したものである。

　判決では、Xに対するノルマが他の従業員と比べて極めて高く設定されており、Xはノルマを達成できなかったものの、その成績は外販担当5人中トップと認められるから、能率が低下していたと認めることはできないとした上で、Xは8ヶ月間にわたってZから長時間、人格を貶めるような叱責を受けるなど、心理的負荷は重く、平均的な労働者に精神障害を発症させる程度の強度の心理的負荷があったとして、Xのうつ病の発症及び増悪の業務起因性を認め、休業補償給付の支給を認めた。

③　無理なノルマによる精神疾患

　コンピューターの販売・リースを業とする会社（被告）の京都支社に勤務する従業員X（原告）が、支社長Z$_1$から無理なノルマを命じられたほか、有給休暇を申請すると「結果を出してから休め」と却下され、その後Z$_2$に暴言を吐いたとして自宅待機を命じられた事件がある（京都地裁平成12年4月18日判決、大阪高裁平成13年1月29日判決）。

　Xは、その後メニエール病で休業し、職場復帰しても残業をしないようにしていたところ、新任の支社長Z$_3$から、「売上げが伸びないのは意欲や努力に欠けているから」として、大阪支社への転勤を命じられ、これを拒否して京都支社に出勤し続けて解雇されたことから、その無効確認を求めた。第1審では、Xがメニエール病のため仕事に支障が生じる可能性があることは周知されていたこと、Xが命じられた飛込みによる新規開拓は、元々売上げが期待できなかったこと、大阪支社への通勤は病気のため困難であること等から、転勤命令を無効とするとともに、その拒否を理由とする解雇を無効とした。更に控訴審では、Xが業績を上げにくい異例の業務を指示され、達成困難な目標設定や、理由のない有給休暇の却下、自宅待機、降格という経緯からみて、本件配転は専らXを京都支社から排除するものであることなどを理由に、第1審と同様、転勤命令及び解雇を無効とした。

第2章　裁判例から見たハラスメントの状況

④　ノルマ未達成により自殺

　営業担当職員が、ノルマの未達成、上司からの暴力等により自殺した事件がある（甲府地裁平成27年1月13日判決）。

　この事件は、農業協同組合（被告）で組合員への米の販売、各種共済契約の獲得等の業務に従事していた職員Zが、ノルマをはるかに下回る成績であったほか、支店長Y（被告）から、度重なる暴行を受けて眼球等を負傷し、更にYから、「自殺するなよ」などとからかわれ、「給料を返してもらわなければならない」などと言われるなどしたことから、自動車で各地をさまよった挙げ句自殺するに至ったものである。Zの両親（原告）は、農協及びYに対し、慰謝料5000万円を含む総額8427万円余の損害賠償を請求した。なお、Zの自殺は業務上災害と認められ、両親に遺族補償年金等が支給された。

　判決では、職員にノルマを課したり、ノルマの不達成を叱責すること自体は一定の範囲内で許容されるとした上で、ノルマ達成が大きな心理的負担になっていたZに対し、ノルマ不達成を叱責することは大きな心理的負担をかけたと評価できるとし、更にYの暴行の程度はひどく（自動車の迎えが遅れたこと等を理由に、顔を3回、腹を10回殴る、事務所においてクリアファイルで叩くなど）、執拗であったこと、他の職員の前でZに暴言を吐いたことなど、Yの各行為は業務上の指導の範囲を逸脱した違法性が認められるとし、Y及びその使用者である農協の損害賠償責任を認めたが、一方、Zにも、自己の健康の維持に配慮すべき義務を怠った面があったこと、私的な悩みも認められたことなどから、損害額（総額4627万円余）を3割減額したほか、両親固有の損害各200万円を認めた。

⑤　ノルマの大幅未達成を理由に自殺

　農協職員が、営業ノルマに大幅に届かなかったことを苦にして自殺した事件がある（福岡地裁平成20年3月26日判決、福岡高裁平成21年5月19日判決）。

　この事件は、農協職員となって10年経過後、金融共済課に初めて配属されたZが、新人の倍以上の年間目標を与えられ、達成率は1割以下と、係の中では常に最下位であり、支所全体で目標が達成できない場合には、制

134

裁としてその支所の職員が翌年度の年間目標に未達成分を上乗せする制度の下で自殺したことから、その妻がZの自殺が業務上災害に当たるとして、遺族補償給付等の支給を求めたものである。

第1審では、Zの自殺を業務上災害と認めたところ、国はこれを不服として控訴に及んだ。控訴審では、同じ営業職員でZと同様の精神障害を発症している者はいないから、Zの精神障害の発症については、Zの反応性、脆弱性も影響を与えているとしながら、営業職に向かない性格傾向であって、それ故に長年それに見合った業務に従事してきたZに対し、45歳になって畑違いの業務に従事させることは、平均的な労働者の観点に照らしても、過度に大きな心理的負荷を与えたものであるとして、第1審と同様にZの自殺を業務上災害と認めて、遺族補償年金等の支給を命じた。

本件の場合、Zは特に長時間労働をしたわけでもないし、与えられたノルマも、一般職員の基準からすれば通常のものであったが、Zは元々性格的に営業に不向きであったことなどから、ノルマに遠く及ばない成績しか上げられず、そのことが自分だけでなく、支所全体に迷惑を掛けるという意識から自殺に走ったものと推測される。そのような無理な人事を行った原因は、Zの父親からの強い要請のようであるが、父親がたとえ農協に影響力のある人物であったとしても、人事担当課長がZの営業職への異動について懸念していたほどであるから、その人事自体に無理があったものと思われる。

⑥ 販売目標未達成を理由にコスチューム着用

化粧品販売会社（被告）の女性美容部員X（原告）が、拡販コンクールで販売目標数に達しなかったとして、係長（被告）からコスチュームの着用を指示され、これをスライド撮影されるなど屈辱を受けたとして、会社、係長及び課長に対し、慰謝料等約320万円を請求した事件がある（大分地裁平成25年2月20日判決）。

Xは、「身体的表現性障害」として休養加療を要するとの診断を受け、更にその後も5回、約1年半にわたり休職加療を要するとの診断を受けて、雇用期間満了により退職した。判決では、任意とはいえ、実際に拒否することが困難な中でコスチュームを着用させ、更にこれをスライド撮影した

第2章　裁判例から見たハラスメントの状況

ことは不法行為に該当するとして、被告らに対し、慰謝料等22万円の支払いを命じた。なお、本件によって、支店長、課長及び係長は、減給、降格の処分を受けた。

　このほか、グラフィックデザインのハード、ソフトの販売を営む会社において、職務履歴書の記載を前提に仕事を与えられ、現実の能力がそれにはるかに及ばないために、上司から罵倒を受け退職を余儀なくされたとして慰謝料を請求した事件（東京地裁平成27年3月4日判決）では、「基本的なことができない奴はいらない」、「お互いのため退職した方がいいのではないか」などの発言はパワハラには当たらないとして、請求を棄却している。

⑸　業務上の合理性なく、能力や経験とかけ離れた程度の低い仕事を命じることや仕事を与えないこと（過小な要求）

　⑷とは逆に、労働者に対し、その能力や経験とかけ離れた低い水準やいじめを目的とした仕事を命じたり、仕事を与えなかったりすることや、本来の仕事から外して不当な業務、研修等に従事させることなどは、この類型のパワハラに当たると解される。

ア　キャリアに照らして不当な業務への配置等

①　銀行課長を受付に配転

　銀行の課長が、管理職を外され、受付業務に配転された上、業務再編・人員削減のため解雇された事件がある（東京地裁平成7年12月4日判決）。

　この事件は、外資系銀行において生産性向上、効率改善等のため監督者研修を実施したところ、課長X（原告）が、業務多忙を理由に研修に参加せず、自己研修、部下の訓練、職場研修プログラムの作成に関する報告も提出せず、説得にも応じなかったことから、降格された上役職手当を減額され、更に受付に配転されたものである。その後、銀行は、希望退職者募集を経た上、Xら6名を解雇したことから、Xは銀行に対し、慰謝料5000万円を請求した。判決では、受付業務は、勤続33年に及び、課長まで務めたXに相応しい職場とは到底いえず、受付業務への配転は、Xら元管理職を殊更にその経験・知識に相応しくない職務に就かせ、働きがいを失わせるとともに、衆目に

晒し、いたたまれなくなって自ら退職を決意させる意図の下でとられた措置と推知され、不法行為に当たるとして、銀行に対し慰謝料100万円の支払いを命じた。

② 不正行為を内部告発して長期間の雑務、昇格・昇給差別

若手社員が、会社の不正行為を新聞社や監督官庁に通報したことにより、退職を迫られ、これを拒否したところ、長期にわたって雑務しか与えられず、昇格・昇給において著しい差別を受けた事件がある（富山地裁平成17年2月23日判決）。

この事件は、貨物自動車運送事業会社（被告）の従業員X（原告）が、運送業界でやみカルテルが行われていることを知って、新聞社や監督官庁に通報したり、副社長に不正を止めるよう直訴したりしたため、激しく退職を迫られ、これを拒否すると、四半世紀にわたって専ら雑務を与えられ、昇格も停止させられて、他の従業員より大幅に昇格・昇給が遅れたことから、会社に対し、その経済的損害3970万円（同期生の平均値との差額）、慰謝料1000万円を請求したものである。

判決では、Xによる新聞社等への告発については、ある程度会社の不利益にも配慮する必要があり、副社長への直訴はやや唐突過ぎる嫌いがあるとしながら、発言力の乏しかったXの状況を考慮すると、Xの内部告発は法的保護に値するとの判断を示した。その上で、Xが一切昇格しなかったことは著しく不公平であり、昇格差別に当たるほか、Xを長期間雑務にのみ従事させたこと、昇格を停止させて賃金格差を生じさせたことは、人事権の裁量の範囲を逸脱し、不法行為及び債務不履行に該当するとして、会社に対し、一定の賃金格差分及び慰謝料200万円の支払いを命じた。ただ、判決は、Xの勤務態度が処遇上不利益を受けてもやむを得ないものと判断したことから、慰謝料を200万円に抑えたこと、差額賃金の算定に当たっては、残った同期生は積極的評価を得ている可能性が高いとして、最も昇進の遅い者の7割を基準としたことから、四半世紀にも及ぶ長期間のパワハラの割には、損害賠償額が低く抑えられている。しかしながら、長期にわたって極端な差別を受け続けたXが反抗的な態度を取ることもやむを得ない面があること、逸失利益の算定に当たって、残った同期生のうち最低評価の

第2章　裁判例から見たハラスメントの状況

者の7割を基準とした判断については、低きに失するとの疑問が残る。

③　内部告発を理由に簡易業務に配転

②と同様、内部告発を理由として、キャリアに相応しい仕事が与えられなくなった事件がある（東京地裁平成22年1月15日判決、東京高裁平成23年8月31日判決）。

この事件は、光学機器メーカーにおいて20年以上勤務する従業員X（原告）が、会社（被告）の行っている従業員の引抜き行為は企業倫理上問題があるとして、直属の事業部長Y（被告）にこれを止めるべきと進言したところ、「口を出すな」と叱責され、更に社内のコンプライアンス室長に対し、引抜きによる顧客からの信用失墜の防止を相談したところ、そのことがYらの知るところとなって、「覚悟して言っているのか」と更に厳しい叱責を受け、配転命令1を受けたものである。Xは、同命令には合理性、必要性がなく、引抜き行為についてコンプライアンス室に通報したことに対する報復であるとして、会社に対し配転命令1後の職場で働く義務のないことの確認と、被告らに対し慰謝料等1000万円の支払いを請求した。会社は、本件訴訟提起後、更に1年間に2度にわたりXに配転を命じた（配転命令2、配転命令3）ことから、Xは控訴審において、配転命令2、3についても無効を主張した。

第1審では、配転命令1による勤務地の変更はなく、減少した賞与の額は2年間で24万円弱に過ぎないから、これによる不利益は僅かであるとして、Xの請求を棄却した。これに対し控訴審では、配転命令1は、Xがチームリーダーに就いた半年後にされ、その検討を始めたのは内部通報を知った直後であること、その内容や業務上の必要性の程度に鑑みれば、Yは制裁的に配転命令1をしたものと推認できること、配転命令2、3とも業務上の必要性やXの適性と無関係に行われたと推認できることを挙げ、50歳になろうとするXが配転命令2、3により担当することとされた業務は新入社員と同じであり、Xの従来のキャリアの蓄積をゼロにし、昇給及び昇格の機会を失わせる可能性が大きいことから、本件各配転命令は、Xに相当な経済的・精神的不利益を与え不法行為に当たるとして、会社及びYに対し、慰謝料等220万円の支払いを命じた。

Ⅲ　パワーハラスメント（パワハラ）

④　教師が授業担当を外され図書室勤務

　高校教師が図書室勤務を命じられて授業担当を外され、退職を勧奨されるなどした事件がある（神戸地裁平成28年5月26日判決）。

　この事件は、中高一貫教育を行うS学園（被告）に勤務する視覚障害者の教諭X（原告）が、保護者向けの進路説明会で居眠りをし、授業担当を外されて図書室での教材研究を命じられたほか、その後、顧問を務める鉄道研究部の部員がXのパソコンを利用して、学園の秘密情報にアクセスしたとして退職を求められたものである。Xは、これを拒否したことから自宅待機を命じられ、その後自宅待機命令に従う義務がないとの仮処分決定を受けて、入試対策室での勤務を命じられたところ、これは無効であるとして、本来の日本史の授業を担当する権利を有する地位にあること、教材研究に従う義務のないことの確認を求めるとともに、退職の強要、理事長（被告）らの侮辱・差別発言による精神的苦痛に対する慰謝料等550万円を請求した。

　判決では、Xの勤務考課が、全教諭中最低レベルにあることを認めた上で、7ヶ月もの長期間の自宅待機の必要性を窺わせる事情はなく、これはXに自主退職するよう仕向けるという不当な動機・目的で行われたものとして違法と判断した。また、教材研究命令は業務上の必要性が認められない上、Xを自主退職に追い込むという不当な動機・目的の下に行われたものとして違法無効とし、退職勧奨、授業担当外し、自宅待機命令を不法行為と認め、S学園、理事長及び学園長に対し、慰謝料等110万円の支払いを命じた。

　本件で、Xは、女性理事長の発言、「気持ち悪いから私から1m以上離れてください」、「あなたは商店街で変質者と言われている」、「あなたはコミュニケーション障害がある、精神異常者でもある」、「目が見えなければ授業はできない」についても、視覚障害者であるXの人格権を侵害する不法行為に当たると主張したが、この主張は認められなかった。

⑤　長期にわたる暴言、侮辱等の上不当配転

　上司から、長期にわたって、暴言、侮辱、無視、情報隔離、年次有給休暇取得妨害、仕事外し、外部での講義の妨害、異例の異動等のパワハラを受け続けた事件がある（神戸地裁伊丹支部平成28年5月19日判決）。

139

第2章　裁判例から見たハラスメントの状況

　この事件は、国際航空会社の社員X（原告）が、上司Y（被告）から、(i)挨拶無視、(ii)他社の社員に対する「人材不足で、こんなん（X）でも営業に持ってこなあかん」との侮辱、(iii)性格が悪く、能力が低いとの噂の流布、(iv)低い人事考課、(v)伝達メールからの情報隔離、(vi)新婚旅行のための休暇の妨害、(vii)仕事のない部署への配置、(viii)大学からのXへの講義依頼に対する妨害、(ix)基準から外れた低い人事考課、(x)40歳過ぎとしては異例の遠距離通勤を要する異動等を受けてうつ病を発症したことから、Yに対し慰謝料等550万円を請求したものである。

　判決では、Yの一連の行為は、会社のパワハラ規程に定めるパワハラに該当すること、Yによるパワハラは、多種多様かつ長期（13年余）にわたり執拗であること、Yのパワハラに向けた意思が強固であること、Yにはいかなる反省も見られないこと、Xが現にうつ病を発症したこと、報復人事によるXの不利益が続いていること、不当な人事査定が昇給や昇格と密接に結びついていることに照らし、Yに対し、慰謝料等440万円の支払いを命じた。

　会社ではパワハラ防止規程を制定し、15種類のパワハラを定めているところ、Yによるパワハラは、そのうち9種に該当しており、一人でこれほど広範にパワハラを展開した事例は希有といえる。Yのパワハラ行為は、いずれも業務の執行に関連して行われたものであるから、会社も当然損害賠償責任を免れないところであるが、Xはなぜか会社を被告としていない。これは、仮に会社もYと並んで被告とした場合、損害賠償は会社とYの連帯債務となり、そうなるとY個人には実質的に負担が及ばないか、及んだとしても少額にとどまることを恐れたのではないかと推測され、それだけYに対するXの強烈な憎しみが伝わってくる。

⑥　退職勧奨を拒否して仕事のない部署に配転

　協調性に欠けるなどとして受けた退職勧奨を拒否して、仕事のない部署に配転された事件がある（大阪地裁平成12年5月8日判決）。

　この事件は、時計・喫煙具・健康食品等の製造販売を営む会社（被告）の支店長を経験した部長X（原告）が、組織改編に伴う退職勧奨を拒否して総務部付に配転された後、新たに設置された市場情報室に配転され、業

140

Ⅲ　パワーハラスメント（パワハラ）

績評価が平均を大きく下回っていること、協調性が欠如していること等を理由に降格され、その2ヶ月後に解雇されたものである。Xは、解雇の無効確認と配転命令及び降格処分の無効による差額賃金の支払いを請求した。

判決では、市場調査室でのXの成績は決して優良とはいえず、就業態度も良好でなかったことが窺われるとしながら、営業成績自体は平均的なレベルであったから営業要員とすることが困難であった事情は認められないこと、Xが営業以外の仕事や他の地域での仕事も受ける意向を示していることからすれば、人員削減の必要性が小さくなっている中での整理解雇は無効と判断した。また、普通解雇の理由として会社が挙げるXの市場調査室での執務状況については、市場調査室の態勢が不十分であり、実績が上がらない責任をX一人に負わせるのは酷であるとして、普通解雇も無効としている。

本件における「市場調査室」は、Xのために新たに設置された部署であり、Xを退職に追い込む意図が窺われることからすると、いわゆる「追出し部屋」に当たる可能性がある。同様に追出し部屋と思われる部署に配転されたものとして、ゲーム機器等製造会社の従業員が人事考課で著しく低い評価を受け、社内で引取り手がないことを理由として、仕事のないパーソナルルームに配転され、その後解雇された事件が挙げられる（東京地裁平成11年10月15日仮処分決定）。会社は相対評価を採用し、下位10％の者に対し退職勧奨をするとしているところ、判決では、これは許されないとして、解雇を無効としている。

このほか、不当な配転として争われた事件としては、(ⅰ)郵便局職員が長髪、ひげを理由として窓口業務を外され、夜勤のみを命じられたことについて、職能資格給と慰謝料の支払いを請求した事件（神戸地裁平成22年3月26日判決、大阪高裁平成22年10月27日判決）、(ⅱ)旅館の客室係の仲居が、勤務態度不良を理由に厨房洗い場に配転させられ、違法な配転と村八分によって退職を余儀なくされたとして慰謝料を請求した事件（神戸地裁平成14年10月30日判決）、(ⅲ)社長が総務担当管理職のミスを多数の従業員の間で罵倒し、営業へ配転してその拒否を理由に解雇した事件（東京地裁平成14年9月30日判決）、(ⅳ)運送会社の女性従業員が、年齢給についての差別を労

141

第2章　裁判例から見たハラスメントの状況

働基準監督署に申告したため、従前の事務管理業務からトラック乗務に配転され、更に深夜業を常態とする業務への配転命令を拒否したために懲戒解雇された事件（神戸地裁平成16年2月27日判決）がある。(i)については、第1審、控訴審とも、長髪、ひげは一切認めないとする指導は違法であるとして、慰謝料30万円を認めた。(ii)については、配転命令は、仲居を追放しようとして行った疑いがあり、仲居が自殺を図ったことも考慮し、慰謝料等115万円を認めた。(iii)については、営業への配転は退職に追い込もうとする意図でなされた疑いがあるなどとして、解雇を無効とした。(iv)については、配転命令は、女性従業員に対し社会通念上甘受すべき程度を著しく超える不利益を課すものとして無効とした。なお、労働基準監督署への申告を理由とする不利益取扱いは法律上禁止されている（労働基準法104条2項）。

イ　不必要な制裁としての業務の付与、研修命令

必ずしも、能力に比して程度の低い業務とはいえないにしても、その業務に従事させたり、研修を受講させたりすることが制裁的意味を持ち、かつ合理性が認められないものは、やはりこの類型のパワハラに該当すると見るべきであろう。

① 事故の制裁として草むしり

バスの運転手が、事故を起こして除草作業や研修を命じられた事件がある（横浜地裁平成11年9月21日判決）。

この事件は、路線バスの運行中に接触事故を起こした運転手X（原告）が、営業所長Y（被告）から14日間の除草作業を命じられ、更に4日間の研修の中で服務規程の読習、書写し、添乗指導を強いられたことから、Y及び会社に対し慰謝料200万円を請求したものである。判決では、Xに交通法規違反はなく、事故について過失はないとしながら、Xが事故の音ないし振動に気付かなかったことについては、バス運転士としての注意散漫があったとした上で、YがXに下車勤務を命じたこと自体は違法とはいえず、下車勤務の除草作業は必ずしも不当とはいえないとの判断を示した。しかし、Yは、Xに除草作業のみを期限や範囲を指定せずに命じており、しかも事故自体には無過失のXに対し過失を前提として業務命令を発している

ことからすれば、除草作業自体は下車勤務の作業として認められるとしても、最も苛酷な作業である炎天下における除草作業のみに従事させたことは、下車勤務の目的を逸脱し、むしろ恣意的な懲罰の色彩が強いとして、Y及び会社に対し慰謝料60万円の支払いを命じた（研修命令は、運転技術の矯正を目的としているとして妥当と判断）。

② 組合幹部に炎天下での降灰除去作業

①と類似の事例として、労働組合の役員に対し、炎天下での降灰除去作業を命じたことが不法行為に当たるとして、慰謝料を請求された事件がある（鹿児島地裁昭和63年6月27日判決、福岡高裁宮崎支部平成元年9月18日判決、最高裁平成5年6月11日判決）。

この事件は、国鉄（被告）鹿児島自動車営業所の所長Y1及び副所長Y2（いずれも被告）が、同所の職員で国労の役員X（原告）が国労のバッジを着用したまま点呼作業を行おうとしたため、これを外すよう命じ、Xがこれを拒否したため、本来業務から外して、真夏の10日間、営業所内に積もった火山灰を除去する作業（降灰除去作業）に従事させたものである。Xは、同業務は労働契約上の業務ではないこと、本件業務命令は他の組合員に対する見せしめであることなどを主張して、国鉄、Y1及びY2に対し慰謝料50万円を請求した。第1審、控訴審とも、当時の国鉄の状況からすれば、組合バッジの離脱命令を発したことについては合理的としながら、8月の暑さの中、長時間、10日間にわたってX一人で行わせた本件降灰除去作業は、Y1らの監視下で行われ、X一人に行わせる必然性もなく、同僚が清涼飲料水を渡そうとするのをY1が止めたことなどを合わせ考えると、Xに対する懲罰と認められるとして、被告らに慰謝料10万円の支払いを命じた。

ところが、上告審では、原審を破棄して、Y1らの行為を適法と判断し、Xの請求を棄却した。その理由は、降灰除去作業は、営業所の職場環境を整備して、労務の円滑化・効率化を図るために必要な業務であり、その作業内容、作業方法からしても、社会通念上相当な程度を超える苛酷な業務に当たるともいえず、本件業務命令は、XがY1の命令を無視して組合バッジを着用したまま業務に就くという違法行為を行おうとしたことから、Xを本来業務から外そうとしたものであり、職場管理上やむを得ない措置

といえ、これが殊更Xに対して不利益を課すという違法・不当な目的でなされたものではないと判断し、上告を認容してXの請求を棄却した。また、これに加えて、勤務中の職員がXに清涼飲料水を渡そうとするのをY1が制止した行為についても、特に違法あるいは不当視すべきとは考えられないと、この点でも原審と異なる判断を示している。

上告審では、降灰除去作業は労働契約上業務の範囲に含まれているとしているところ、確かに、鹿児島の特殊性として、業務を円滑に実施するため、降灰を除去することは必要であることから、降灰除去作業自体は労働契約に含まれているといえるだろうが、とはいっても、本件のように特定の職員に対し懲罰的な目的で作業を命じることまで含まれているとは到底理解できない。また、上告審では、Y1らの監視の下でXに降灰除去作業を行わせること、清涼飲料水の手交を止めたことを問題ないとしているところ、そうなると、Xは1日中、炎天下で水分を取ることも許されずに重労働を強いられることになるが、場合によっては熱中症も引き起こしかねないことを問題なしとする最高裁判事の人権感覚には驚かされる。

③　不適切な業務執行を理由とする日勤教育命令

不適切な業務執行を理由として、特別な研修を命じられた職員が、慰謝料を請求した事件がある（大阪地裁平成19年9月19日判決、大阪高裁平成21年5月28日判決、最高裁平成22年3月11日決定）。

この事件は、旧国鉄に採用されてJR西日本会社（被告）森ノ宮電車区で勤務するX1、X2、X3（いずれも原告）が、X1については、停止信号を確認せずに漫然と運転を続けたこと、X2については線路上に異物を発見して急ブレーキをかけたところ、それがカラスだったこと、X3については、車両の屋根上にハンガーが乗っているのを発見しながら、これを撤去せずにそのまま車両検査を続け、木製の歯止めを毀損したのにこれを隠蔽するなど不適切な対応をしたことから、機関区区長Y1、助役Y2（いずれも被告）から日勤教育を命じられたものである。

第1審では、X1及びX3への日勤教育は適法であるが、X2については違法であるとして、被告らに対し慰謝料15万円の支払いを命じた。また、控訴審では、原告らが違法性を主張した日勤教育自体は許されるとしなが

ら、日勤教育期間中は乗務手当分月額約10万円の減給になることからすると、その期間は合理的でなければならないこと、日勤教育は、一部の者にとっては恐怖心をもって受け止められていたことに照らせば、いたずらに長期間行うことは違法となるとした上で、X1に対する日勤教育73日間は長期に過ぎ、しかも事前に到達目標等が本人に明示されなかったことなどからすれば、これは違法であるとして、慰謝料等40万円を認めた。また、X2については、第1審同様、日勤教育は不要であり、X2に命じた作業（作業標準の書写し、レポート作成、車両の天井掃除、除草）と日勤教育との関連性が不明であるとして、第1審より賠償額を増額し、慰謝料等50万円を認めた。しかし、X3については、第1審同様、日勤教育命令に違法性はないとされた。なお、控訴審判決については、双方が上告したが、いずれも棄却された。

　日勤教育に関しては、上記以外でも幾つかの判決が出されている。その1つは、運転士Zが、予定時刻を1分遅れで電車を発車させたところ、その3日後に日勤教育を命じられ、知悉度テストの成績が悪く、指導担当管理者から更にテストとレポートの作成を命じられ、その翌日自殺した事件である（大阪地裁平成17年2月21日判決、大阪高裁平成18年11月24日判決）。Zの父親が、会社、電車区の区長、首席助役、指導総括助役に対し、安全配慮義務違反を理由に、慰謝料6000万円を含む総額1億2584万円余を請求したところ、第1審、控訴審とも、Zに対する日勤教育命令は相当であり、その内容、方法も他の運転士に対するものと特段変わったものではなく、Zの態度から自殺の予見可能性は認められないなど、日勤教育とZの自殺との間の相当因果関係を否定して、父親の請求を棄却した。

　そのほか、日勤教育を巡って争われた事件としては、電車の運転の際、手袋を着用しなかったこと、指差呼称を左手で行ったこと等に対する上司の指導に反発した運転士X（原告）が、反抗的な態度を取ったとして、日勤教育を命じられたものが挙げられる（広島地裁平成16年12月22日判決、広島高裁平成18年10月11日判決）。

　この事件では、Xは日勤教育中のテストに合格してその翌日乗務復帰を告げられながら、結局その後27日間も日勤教育が続けられ、日勤教育期間

第2章　裁判例から見たハラスメントの状況

が合計69日にも及んだことから、判決では、一旦終了を告げた後の日勤教育は違法であるなどとして、会社や上司に対し、慰謝料等の支払いを命じた（第1審21万円余、控訴審33万円余）。

上記の事件は、いずれもJR西日本を舞台にしたものであるが、それ以外のJRで発生した日勤教育関連の事件としては、運転士X（原告）が車両点検の際不適切な対応をしたほか、点検中にカップ麺を食べるなどして物損事故を起こしたことから、3週間の日勤教育を命じられたものが挙げられる（名古屋地裁平成16年12月15日判決）。Xは合格点に達しなかったため、清掃事業を行う事業所への出向を命じられたが、判決では、Xの態度が余りにも悪かったなどとして、日勤教育命令、出向命令ともに適法と認めた。

④　国労ベルト着用を理由に仕事外し

その他、国鉄ないしJR各社で起こった事件としては、JR東日本の保線作業員X（原告）が、国労マークのあるベルトを着用して作業をしたことから、仕事を外され、就業規則の全文の書写しとその読上げを命じられた事件（秋田地裁平成2年12月14日判決、仙台高裁秋田支部平成4年12月25日判決）が挙げられる。

第1審、控訴審とも、旅客と接触のないXの職務からみて、国労マークの付いたベルトの着用は業務の阻害の恐れがないとし、就業規則の書写し等が直ちに違法とはいえないものの、本件教育訓練は多数の職員の面前でXの行為を非難し、大声で怒鳴ったり、用便を制限したりするなど、著しく妥当性を欠き、見せしめ効果を狙ったとして、会社及び上司に対し、慰謝料等25万円の支払いを命じた。

このほか、JR西日本の従業員で国労組合員2名が、安全点検作業に抵抗したため炎天下での作業を命じられて慰謝料を請求し、第1審、控訴審で、それぞれ15万円、20万円の慰謝料が認められた事件がある（大阪地裁平成13年12月28日判決、大阪高裁平成15年3月27日判決）。

(6)　私的なことに過度に立ち入ること（個の侵害）

パワハラは、多くの場合、業務の遂行過程で行われ、パワハラと評価される言動も、少なくとも当初においては、その動機において理解できるものも

146

Ⅲ　パワーハラスメント（パワハラ）

少なくない。すなわち、パワハラの場合、目的の正当性を窺わせる業務遂行性が認められる場合が多いことが、業務遂行性を考えにくいセクハラと大きく異なる点である。しかし、中には、性的な要素はなくても、業務の遂行とは関係なく、ただひたすらいじめを繰り返して被害者を精神的に追い詰める事例も少なからず認められるところである。上記4の類型⑥は、このような事例を念頭に置いたものと考えられるところ、この類型に属する事件としては、次のようなものが挙げられる。

①　男性看護士が先輩らにいじめられて自殺

　男性看護士が、先輩看護士らから継続的に執拗ないじめを受け、これを苦にして自殺した事件がある（さいたま地裁平成16年9月24日判決）。

　この事件は、病院に勤務する最年少の男性看護士Zが、最年長の先輩Y（被告）を初めとする数人の先輩看護士らから、風俗店への送迎、馬券の購入、パチンコ屋の順番待ち、女性の紹介、金銭の負担などをさせられたほか、デートの妨害を受けるなどし、Yから「死ねよ」と言われたり、ミスをした際に罵倒や暴行を受けるなどして自殺したものである。Zの両親（原告）は、Zの自殺はYによるいじめが原因であるとして、Y及び病院を経営する医療法人（被告）に対し、それぞれ慰謝料1800万円を支払うよう要求した。判決では、Yの一連の行為はZに対する不法行為であり、法人はZの生命及び身体を危険から保護する義務を負っており、YらのZに対するいじめを認識することは可能であったにもかかわらず、これを防止する措置を採らなかった安全配慮義務違反があったとしながら、自殺についての予見可能性まではなかったとして、Yに対しては1000万円、法人に対しては500万円の慰謝料の支払いを命じた。

②　市役所職員が上司からいじめられて自殺

　市役所の職員が、上司から、からかいを受けたり、脅されたりして自殺に至った事件がある（横浜地裁川崎支部平成14年6月27日判決、東京高裁平成15年3月25日判決）。

　この事件は、水道局の職員Zが、以前父親が市に土地の貸与をしなかったことを理由に、直属の係長Y₁、主査Y₂（いずれも被告）から、「何であんなのが来たんだ」と言われ、太っていることをからかわれ、課長Y₃（被

147

告）に訴えても対策を講じることなく、更に職場旅行の際には、Y2から「刺してやる」とナイフで脅されるなどしたことから出勤できなくなり、自殺行為を繰り返した後、被告らを恨む旨の遺書を遺して自殺したものである。Zの両親（原告）は、Y1、Y2、Y3及び市に対し、それぞれ6424万円余の損害賠償を支払うよう請求した。

　第1審では、Zの自殺は職場でのいじめが原因であったことを認めたほか、Y3が調査や善後策を講じなかったことも自殺の原因となったとして、被告ら3名及び市に対し損害賠償の支払いを命じ、その金額を、逸失利益4460万円余、退職手当217万円余、慰謝料各1200万円と算定したものの、Zの自殺には本人の資質ないし心因的要因も加わっているとして、その7割を減額した。国家賠償法によれば、公務員がその職務を行うにつき違法に他人に損害を与えた場合は、公務員個人ではなく、その任命権者である国又は地方公共団体が賠償責任を負うこととされているが、本件の場合、仕事に関係のないからかい、職場旅行における恫喝など、明らかに公務とは無関係のいじめがあったことから、これを行った公務員個人の賠償責任が認められた。第1審判決については、原告、被告双方が控訴したが、いずれも棄却された。

③　海上自衛隊員が先輩から暴行、いじめを受けて自殺

　海上自衛隊の隊員が、先輩から暴行を受けたり、不要な物を売りつけられたりするなどし、これを苦にして自殺した事件がある（横浜地裁平成23年1月26日判決、東京高裁平成26年4月23日判決）。

　この事件は、「たちかぜ」に乗務する電測員Zが、職務上の上下関係はないが、先輩で長く「たちかぜ」に勤務し、「主」的存在にある隊員Y（被告）から、半年余の間に10回以上の暴行を受け、アダルトビデオを約100本売りつけられるなどし、一方、貸金業者から200万円程度の借金をする中で、「お前だけは絶対許さねえからな。必ず呪い殺してやる」とYへの恨みを綴った遺書を遺して自殺したものである。Zの両親は、国及びYに対し、Zの慰謝料5000万円、両親固有の慰謝料各1000万円、逸失利益4897万円余の総額約1億2000万円の損害賠償を請求した。

　第1審では、Yの一連の行為を不法行為と認める一方、国の責任につい

Ⅲ　パワーハラスメント（パワハラ）

ては、「行き過ぎた指導」ともいうべき職務と関係のある行為に限り、Yの私的な行為（エアガンによる暴行、アダルトビデオの売付け等）については免責した賠償額を算定し、Y及び国に対し、慰謝料各400万円の支払いを命じた。この判決では、YはZの上司ではないものの、先輩隊員として指導的な立場にあり、業務上の不満を抱いた際の暴行については職務に付随してなされたものとして、職務遂行の範囲を広げようと努めている。また、Yによる暴行等により、Zの物心両面に与えた打撃は深刻なものであったとしながら、YはZのみを狙い撃ちしたものではないこと、ZとYは別個の職場で仕事をしており、Zは当直以外の日はほぼ外泊していたこと、Zが自殺するまでの間自殺の兆候を見せたとは認められないこと等から、YがZの自殺まで予見できたとは認められないとして、Yの不法行為とZの自殺との間の相当因果関係を否定している。Zの両親は第1審判決を不服として控訴に及んだところ、控訴審では、Yの暴行等の大部分は職務と無関係に行われているとしながら、Zは直近の上司に対し、Yの暴行等を訴えていたことから監督責任があるとして国の責任も認めている。そして、自殺の予見可能性については、Zが同僚に対しYの暴行を苦痛に感じる旨告げていること、隊長に対しYの暴行を申告したのに調査、指導を行わなかったこと、その後Zは更に元気のない様子を見せるようになったこと等から、Y及び上司らはZの自殺について予見可能性があったとして、総額7350万円余の損害賠償を認めた。

　本件では、Zの自殺後、艦長らは乗員へのアンケートを含めた実態調査を行い、その調査結果についての資料を保管しておきながら、Zの両親に対しこれを廃棄したと伝え、Zの自殺についての状況を隠蔽している。しかしながら、内部告発によってその隠蔽が明らかになり、海上自衛隊の体質が厳しく批判されたことから、控訴審でも、その秘匿行為を違法と認め、その秘匿行為についても慰謝料を認めている。本件の場合、Yによる一連の暴行・恐喝行為の悪質さは言うまでもないが、それらの事実を概ね把握していた上司らがこれを放置しただけでなく、Zの自殺後においても、その調査結果を隠蔽するなど、その不誠実さ、危機意識のなさには愕然とさせられる。

149

第2章　裁判例から見たハラスメントの状況

⑺　退職強要、解雇その他の処分

　「提言」で示されたパワハラの類型は上記の6つであるが、本書では、本人の意に反する退職勧奨（強要）、解雇その他の処分は、上記6類型と重なる部分は多い（特に②類型）ものの、脅迫的な言動もなく、その他のパワハラ行為もなく行われる事例も少なくないことから、これを独立した類型として示したところである。

ア　会社や上司に対する批判、中傷その他勤務状況等を理由とする退職の強要や処分

①　銀行を非難した行員を戒告処分

　銀行員が、自分の勤務する銀行への批判を外部に発表したこと等を理由に戒告処分を受けた事件がある（大阪地裁平成12年4月17日判決）。

　この事件は、大手都市銀行（被告）に勤務する少数組合の組合員である銀行員19名（原告）が、銀行の経営理念・姿勢が職場環境の悪化、職業病の原因になっているとし、サービス残業の強制、男女差別などを告発する手記を出版して銀行の経営方針等の信用を失墜させたなどとして、戒告処分を受け、その無効確認と慰謝料等の支払いを請求したものである。

　判決では、出版物で銀行の経営方針等を批判することは、形式的には就業規則に定める懲戒事由に該当するとしても、主として労働条件の改善等を目的とする出版物については、記載内容が真実か、真実と信じる相当な理由のある場合等には、これを懲戒処分の対象とすることは懲戒権の濫用に当たるとした上で、労働者が労働強化に反対したり、労働条件の維持改善を主張したりすることは何ら違法ではなく、一部の扇情的な表現も労働運動における常套句であるとして、戒告処分を無効とした（損害賠償請求は棄却）。本件銀行では、職能賃金体系により賃金が決定されているが、現実には年功的賃金が相当程度行われているにもかかわらず、原告らの資格・賃金面での顕著な低さが、その主張を受け入れる一要因となったものと思われる。なお、本件出版物では、銀行について「魑魅魍魎」、「社畜」、「人間の仮面を付けた鬼」、「奴隷」など、かなりどぎつい表現が使われているが、判決では、労働運動では常套句であるとして、これも戒告処分の理由に挙げる銀行の主張を斥けている。

150

Ⅲ　パワーハラスメント（パワハラ）

②　秘書が社内外に経営陣の批判を発信して解雇

　広告会社の秘書が、社内外に対し経営陣批判のメールを発信したことなどを理由に解雇された事件がある（東京地裁平成15年９月22日判決）。

　この事件は、日米合弁の広告会社（被告）の女性秘書Ｘ（原告）が、就業時間中に、米国本社の社長を含む社内外に向けて、経営陣について、「アホバカCEO」、「気違いに刃物（権力）」などとメール発信したことから、米国本社への文書の送付、恣意的な人事についての批判、社外秘の人事情報の外部への漏洩、競合会社への社員のあっせん等を理由に解雇されたものである。Ｘは、米国本社への文書の送付は、社長からどんな意見、提案も直接報告して欲しいと言われたと主張したほか、他の解雇事由も不当であるとして、従業員としての地位の確認と賃金の支払いを求めた。

　判決では、争点の一つである職務専念義務違反については、社会通念上相当と認められる限度で私用メールを送受信しても職務専念義務に違反するものではなく、就業時間中の私用メールを明確に禁止していない中で、Ｘが行った１日２回程度の私用メールは社会通念上相当な範囲内としている。また、Ｘのメール中の会社の対外的信用を害しかねない批判は、就業規則上解雇事由に該当するとしながら、本社社長の発言を聞いたＸが経営陣批判は許されると考えてもやむを得ないこと、約７ヶ月間上司らが何ら注意をしていないこと、虚偽の事実を挙げて経営陣を陥れようとしたとまでは認められないこと等を理由に、解雇を無効とした。

③　インチキ商法を批判していじめ、解雇

　会社のインチキ商法を批判して、上司らからいじめを受け、配転された上、解雇された事件がある（東京地裁平成20年11月11日判決）。

　この事件は、化粧品や医薬品等の販売等を営む会社（被告）に勤務する女性カウンセラーＸ（原告）が、医薬品でない品を医薬品的な効能を述べて売る商法に疑問を感じ、部長Ｙ₁（被告）、課長Ｙ₂（被告）に質問したところ、「不平分子」とみなされたほか、顧客から「詐欺商法」と抗議を受けた際、Ｙ₂に指示を仰いだ上解約に応じたところ、専務から強く非難、罵倒され、カウンセラーの中でもいじめを受けるようになったものである。Ｘは、その後元のテレホンアポインターに配転命令を受け、文書での命令

151

第2章　裁判例から見たハラスメントの状況

を求めると、「あなたがいると会社が潰れる」と罵倒され、会社からの退
去を命じられてうつ状態に陥って欠勤するに至り、その欠勤を理由に解雇
されたことから、被告らに対し、慰謝料500万円、逸失利益225万円等を請
求した。判決では、Y1、Y2の発言はXに対するいじめと認められ、配転
についても、退職に仕向けるための降格と捉えるのも無理からぬものがあ
り、商品を無理矢理購入させられたことも不法行為に当たるとして、被告
らに対し、慰謝料80万円、1年分の逸失利益及びXが購入させられた商品
の代金18万円余の支払いを命じた。

④　社長が従業員を扇動して退職を迫り、解雇

　社長が大勢の従業員を扇動して、従業員を退職に追い込み、また、解雇
した事件がある（長野地裁平成24年12月21日判決）。

　この事件は、ビデオカメラの開発製造等を営む会社（被告）の従業員
で大阪支社に勤務するX1（原告）が、出張に来た社長による支社従業員
への罵倒に反論したところ、これに同調したX2（原告）とともに、長野
本社に配転させられ、全従業員の前で、営業本部長から「全従業員の気持
ち」として即刻退職を求める要望書を手交されたものである。X1及びX2
は、本件配転命令の無効、退職勧奨の禁止を求めて仮処分を申請し、会社
は退職勧奨をしないこと、カメラで監視しないこと、差別的取扱いをしな
いこと等を内容とする和解が成立したものの、その後X2はうつ病を発症
して休職期間満了により退職となり、X1は勤務成績不良、協調性の欠如
等を理由に解雇されたことから、X1及びX2は、本件配転命令の無効、社
長らによる威圧的な退職勧奨、和解条項に反する不法行為を主張し、従業
員としての地位の確認と総額各800万円の慰謝料等を請求した。判決では、
本件配転命令は、X1及びX2に対する退職強要の一環として行われたもの
であるとして無効とするとともに、会社に対し、X1及びX2につき、慰謝
料を各200万円支払うよう命じた。

⑤　「不満そうなオーラ」を理由に解雇

　1年契約の介護員が、新任の所属長から「笑顔がない」などを理由に雇
止めされた事件がある（札幌地裁平成16年11月10日判決、札幌高裁平成17
年11月30日判決）。

152

この事件は、医療法人（被告）に準職員として勤務している女性介護員X（原告）が、新任の所属長から勤務態度の改善を指示され、「笑顔がない」、「不満そうなオーラが出ている」、「患者や他の部署から苦情が出ている」などとして雇止めされたものである。Xは本件雇止めの無効を主張するとともに、容姿や人格に対する中傷を受けたとして、法人に対し慰謝料等500万円を請求した。

判決では、Xは契約更新を重ねて4年3ヶ月の間勤務し、他の多くの介護員が契約更新を重ねていることからすると、Xが契約の更新を期待していること、介護員の労働条件が正職員とほとんど差異がないことに照らせば、本件労働契約は実質的に期間の定めのない労働契約と異ならないとして、本件雇止めを無効とした。また、Xは、一次考課では合格ラインの70点に達し、勤務成績も向上していることに照らせば、所属長の交代による評価基準の相違が窺われ、所属長が主として問題にする点は多分に主観的な事柄であって、Xの介護員としての不適格性について直ちには断じ難いこと、Xが注意を受けてから雇止めまで2ヶ月程度であること、Xはこれまで1度も懲戒処分を受けていないことなどを考慮し、法人に対し慰謝料等25万円の支払いを命じた。本件は法人が控訴したが、原審とほぼ同様の理由で棄却され、慰謝料等が45万円に引き上げられた。

イ　内部告発を理由とする解雇その他の処分

① 幹部による組織の私物化を批判して解雇等の処分

幹部による生協の私物化を内部告発した職員が、解雇、配転等の不利益処分を受けた事件がある（大阪地裁堺支部平成15年6月18日判決）。

この事件は、生協の職員X1、X2、X3（いずれも原告）が、副理事長Y1（被告）の生協を私物化する背信行為（研修寮の私物化、生協負担による個人的ゴルフ、ハワイでの豪遊等）及び専務理事Y2（被告）によるそのフォロー等につき、総代会の議長、理事長等に内部告発文書を匿名で送付するとともに、知己の職員に対し、本件内部告発に同調するよう働きかけたことから、無期限の出勤停止を命じられたほか、Y2から誹謗中傷され、尾行や監視を受けた上、X1及びX2は懲戒解雇、X3は人事部に配転されたものである。原告らの申立てにより本件懲戒解雇を違法とする地位確認の仮処分が

認容されたことから、生協は解雇を撤回し、X1及びX2を職場復帰させたが、原告らは、生協、Y1及びY2に対し、X1及びX2につき500万円、X3につき300万円の慰謝料を請求した。

判決では、原告らの内部告発は、真実ないし真実と信じるについて相当な理由があること、その内容が公益性を有すること、内容が組織体にとって重要であること、手段も相当であることを挙げて正当なものと認め、これを理由とする解雇、配転は無効であり、Y1及びY2の不法行為によって原告らは精神的損害を被ったとして、Y1、Y2及び生協に対し、X1につき150万円、X2につき140万円及びX3につき120万円の支払いを命じるとともに、Y2に対しては、原告ら各人に対し慰謝料30万円の支払いを命じた。本件の場合、原告らが業務中に生協の内部資料を無断で持ち出し、これを基に内部告発をしたことについて、その相当性を欠く面は否定できないとしながら、多種の文書を複写して持ち出した点については、内部告発のためには不可欠であって、財産的価値はさほど高くなく、原本ではないことを内部告発が不相当でない理由として挙げている。正当な内部告発のためには、手段の相当性については弾力的に考えることを示しているといえる。

② 不正経理を外部に通報して解雇

信用金庫において不正を追及したほか、これを外部に通報したこと等を理由に、行員が懲戒解雇された事件がある（宮崎地裁平成12年9月25日判決、福岡高裁宮崎支部平成14年7月2日判決）。

この事件は、信用金庫（被告）に勤務する行員X1（労働組合委員長・原告）及びX2（同副委員長・原告）が、金庫における顧客と行員との不正な関係、迂回融資などの不正を追及し、その批判書を、人事の是正や背任の調査要求が認められない場合は公にする旨付記して総務部長に郵送したほか、金庫が管理する機密文書を基に疑惑を追及し、更に資料を議員秘書及び県警に提出するなどしたことから、懲戒解雇されたものである。X1及びX2（X1ら）は、解雇無効の確認と賃金の支払いを請求した。

第1審では、X1らが持ち出した文書に記載された会員の出資額、顧客ランク、融資額、融資条件、返済方法、延滞状況、担保明細等は、金融機関にとって最高機密事項であり、たとえ、金庫の不正行為を摘発するため

とはいえ、X1らの行為は重大な規律違反であるとして、懲戒解雇を有効と認めた。これに対し控訴審では、X1らが持ち出した文書等の財産的価値はさしたるものではないこと、内部の不正を糺すという観点からは、X1らの行為はむしろ金庫の利益に合致するところもあることからすれば、X1らの各行為の違法性が大きく減殺されるとして、懲戒解雇は重きに失するとしてこれを無効とした。

第1審と控訴審では結論が反対になっているが、考え方にそれほど隔たりがあるわけではなく、「目的が正当だからといって手段が当然に正当になるわけではない」との認識については共通している。ただ、第1審では目的の正当性と手段の違法性とを切り離して判断しているのに対し、控訴審では、手段の違法性を認めつつ、目的の正当性によって手段の違法性の程度は減殺されるとして、①と同様の立場に立った判断をしている。

③　幹部の非行を監督官庁に通報するなどして降格、解雇

財団法人の総務部長が、常務理事の非行を監督官庁に通報したため降格、配転された上、解雇された事件がある（東京地裁平成21年6月12日判決）。

この事件は、財団法人（被告）の総務部長X（原告）が、新任常務理事Zによる契約職員の雇止めの頻発、職員のうつ病発症、セクハラ行為などを記載した報告書を監督官庁に提出して是正を求めたほか、理事長に対し雇止めの撤回、職場環境の改善等を求めたところ、参事に降格され、その撤回を求めて国会議員、監督官庁幹部等に対し業務運営の改善を求めたが、更に配転され、その1年後、(i)報告書への虚偽記載、(ii)杜撰な情報管理、(iii)人事情報の漏洩、(iv)業務懈怠、(v)上司への反抗と会議での暴言を理由に諭旨解雇処分を受けたものである。Xは、本件降格及び解雇は無効であるとして、法人に対し労働契約上の地位の確認を求めるとともに、未払い賃金、賞与及び慰謝料1000万円の支払いを請求した。

判決では、Zの不適切な行動について記載された本件報告書は、基本的に真実性のある文書と評価されるとして、その提出は懲戒事由に該当しないとしたが、Xが本件報告書の内容を外部に伝達したことは情報管理義務に違反すること、外圧をかけて職員人事を動かすことは懲戒事由に該当すること、会議の席上、資料の取りまとめの遅れを指摘したXの後任に対し、「う

るさい」と怒鳴ったことは、いずれも不適切で、懲戒解雇事由に該当するとしながら、これらについては法人にも責任があるとして、解雇を無効とするとともに、法人に対し慰謝料50万円の支払いを命じた。

　この事件は、国家公務員を退職後、本件法人に再就職したＺが、従来ほぼ自動的に契約更新されていた契約職員の多くを雇止めしたり、部下の人格を傷つけるような言動を繰り返して精神疾患に追い込んだほか、無理に女性職員に出張の同行を命じたりして、職場環境を著しく悪化させたことから、Ｘがその是正を図ったものであり、やり方の点では問題があったとしても、その動機・目的については酌むべき事情があったといえる。判決では、そうした点を考慮して、Ｘの行為自体は懲戒解雇に当たるとしながら、解雇を無効としたものである。監督官庁は、Ｚの出身母体であるから、その人格等について十分知悉しており、Ｚが財団法人の常務理事（理事長は遠隔地にいるため、常務理事が実質的なトップの立場にある）に就けば、どのような事態が発生するかを理解しながらこの人事を行ったわけで、その責任は重いといえる。

④　学校理事長の非行を追及して解雇

　私立学校の理事長が、退陣を要求する教職員を解雇し、名誉毀損を理由に慰謝料等を請求した事件がある（前橋地裁平成12年１月13日判決、東京高裁平成12年３月７日判決）。

　この事件は、高校、短大を経営する学校法人（原告）の理事長Ｘ（原告）が、専任講師Ｙ1（被告）及び事務長Ｙ2（被告）に対し、不正経理を理由にＸの即刻辞任を要求したこと（文書１）、これを世間に公表する旨の文書２を突きつけ、辞任しない場合は不正経理等をマスコミに公表すると迫るなどしたことを理由に自宅待機を命じるなどしたものである。Ｙ1及びＹ2はその無効確認等を求めて提訴し、不正経理等につき記者会見で説明したところ、法人は両者を解雇した上、学園の名誉を毀損したとして、1000万円の損害賠償を請求した。

　第１審では、Ｙ1及びＹ2の行為は学園の秩序を乱すものであるとして、各人に慰謝料100万円の支払いを命じた。これに対し控訴審では、Ｙ1及びＹ2の危惧には首肯できるところがあり、殊更に脅迫・強要にわたる言動

があったとまではいい難いこと、不正経理についての説明についても、内部関係者に対するものであり、しかもどの程度まで具体的に説明したのか不明であること、会計事務処理について多くの不審な点があることからすれば、Y₁及びY₂による事実の公表は、公益目的から行われたと考えられるとして、不法行為に該当しないとの判断を示し、法人らの請求を棄却した。

このほか、内部告発を理由に解雇された事例としては、(ⅰ)農協の職員が、役員及びその候補者に対し、監事の不正行為を告発して懲戒解雇され、これが無効とされた事件（山口地裁岩国支部平成21年6月8日判決）、(ⅱ)美術刀剣関係財団法人で、事務局長ら3名が、法人の刀剣審査に携わる者と刀剣商との間の癒着を監督官庁に通報するとともに、法人が指導に反する申請をした旨通報し、雇止めされ、いずれも無効とされた事件（東京地裁平成20年5月20日判決、東京高裁平成21年5月19日判決）、(ⅲ)象の飼育員であった動物園の従業員が、象の虐待をTV局に通報するなどして懲戒解雇され、解雇が有効とされた事件（大阪地裁平成17年4月27日判決）がある。

ウ　結婚を理由とする退職強要

結婚退職は、住友セメント雇用関係確認等請求事件（東京地裁昭和41年12月20日判決）以来、1960～70年代に、その有効性を巡って多くの裁判が行われたが、いずれも女性労働者側の勝訴に終わり、その後昭和61年の均等法の施行により、法律上明確に禁止されたことから、法律的には完全に決着をみている問題である。しかし、現実には、結婚を理由に退職を強要する事例が少なからず見られ、この問題の根深さを物語っている。

① 結婚を理由に退職を強要され退職

女性デザイナーが、結婚を機に社長から退職を強く迫られ、これに耐えかねて退職した事件がある（東京地裁平成17年10月21日判決）。

この事件は、女性デザイナーX（原告）が、結婚することを社長Y（被告）に報告し、勤務の継続を申し出たところ、怒鳴りつけられた挙げ句、「これ以上働きたいというなら、皆の前でどんな処遇をするか言ってやる。」などと恫喝され、また、結婚披露宴のスピーチで、「デザイナーなのだから、これからは家庭を思うようにデザインしてください。」、「ご主人も働けと言っているから働くというのはどうか、家庭を作ることにもっと真剣に取り組

第2章　裁判例から見たハラスメントの状況

んで欲しい。」などと発言され、更に夫や親族について侮辱的な発言をされたことなどから、これに耐えかねて退職したものである。Xは、退職強要による精神的苦痛につき、Y及び会社に対し慰謝料等185万円を請求したところ、判決では、Yの退職強要を不法行為と認め、Y及び会社に対し慰謝料等22万円の支払いを命じた。

② 結婚を契機に退職勧奨、パート勤務、更には解雇

　女性従業員が、会社の業績不振を理由に退職勧奨を受け、結婚を契機にパート勤務を求められ、更には夫と共に解雇された事件がある（大阪地裁平成18年7月27日判決）。

　この事件は、印刷業を営む会社（被告）の女性デザイナーX1（原告）が、業績悪化を理由に退職を勧奨され（第一次勧奨）、結婚した後にパート勤務を求められ、抑うつ状態と診断されて、会社に対し謝罪及び治療費の支払いを請求し、その後デザイン室の閉鎖によりデザイナーである夫X2（原告）と共に退職を強く求められた（第二次勧奨）挙げ句、一方的に解雇されたものである。X1及びX2は、雇用契約上の地位の確認を求める仮処分申立てが認容されて職場復帰し、会社に対し、未払い賃金、賞与、退職勧奨に対する慰謝料等を請求した。判決では、第一次勧奨については、X1の結婚も一つの理由であったことは否定できないとしながら、退職強要とまではいえないとして、不法行為を否定したが、第二次勧奨については、単に退職を勧奨しただけでなく、X1及びX2の所属するデザイン室の仕事を停止し、両者の仕事を取り上げてしまうもので、退職の強要に当たるとして、会社に対し、X1につき80万円、X2につき50万円の慰謝料を支払うよう命じた。その理由として、社長にこのような強硬な退職勧奨を行わせたのは、X1が治療費と謝罪を要求したことに激昂したことを挙げており、結婚退職の勧奨がその引き金になったことを指摘している。

エ　セクハラの拒否を理由とする解雇その他の不利益取扱い

　セクハラ行為自体、人権侵害に当たり、許されるものではないが、セクハラ行為を拒否したり、これを批判したりしたことを理由に解雇等の不利益取扱いをすることは二重の意味で悪質といわざるを得ない。

158

Ⅲ　パワーハラスメント（パワハラ）

①　セクハラを親会社に訴えて降格、退職

　女性支店長が、上司からのセクハラを拒否し、これを親会社に訴えたとして、著しい降格を受けた上、退職に追い込まれた事件がある（岡山地裁平成14年5月15日判決）。

　この事件は、労働者派遣会社（被告）の女性支店長X1（原告）が、専務取締役Y1（被告）から、「君は僕の芸術だ」などと関係を迫られ、これを拒否すると、「X1は身体で仕事を取ってくる」などと中傷され、これに抗議すると、「君は独身だから性的欲求が解消されていない」などと侮辱を受けたものである。X1は、もう一人の女性支店長X2（原告）とともに、親会社に対し、Y1を辞めさせなければ告訴すると訴えたところ、社長Y2（被告）から、親会社に訴えたことを非難され、その後、X1及びX2は支店長でありながら組織のルールを逸脱したとして、一般従業員に降格されて給与を半減以下とされ、その後給与が支給されなくなった。そこで、X1及びX2は、退職した上、会社、Y1及びY2に対し、慰謝料等1100万円のほか、未払い給与、逸失利益を請求した。

　判決では、Y1の行為は不法行為に当たり、それが地位を利用して行われたことなどから、会社の使用者責任を認め、しかも、会社はX1及びX2に対して何らの弁明の機会も与えず、事実関係を十分調査しないまま、支店長から一気に1番下の地位に降格したもので違法であるとして、会社、Y1及びY2に対し、X1につき200万円、X2につき30万円の慰謝料の支払いを命ずるとともに、会社に対し、未払い給与及び逸失利益として、X1につき1138万円、X2につき1270万円の支払いを命じた。

②　セクハラを拒否するようになって解雇

　社長から身体の接触等のセクハラ行為を継続して受けていた女性が、これを拒否し、厳しい態度をとるようになったことから解雇された事件がある（大分地裁平成14年11月14日判決）。

　この事件は、税理士事務所に勤務する女性従業員X（原告）が、採用後1ヶ月頃から、社長Y（被告）から、ホテルに誘われる、胸を触られる、抱きつかれるなどの行為を受け、更に勤務時間中に、押し倒されて胸や股間を触られるなどされたことから、これを拒否して厳しい態度をとるようになっ

たものである。Xの態度によりYのセクハラ行為は止んだものの、Xは反抗的で協調性に欠け、事務所運営に支障を来すとして解雇されたことから、Yに対し慰謝料等660万円を請求した。

判決では、Xは、多いときには週3〜4回もYと共に飲食していたことからすれば、Yのセクハラ行為に対する断固たる態度に欠けていたといえなくもないとしながら、本件のような小規模の会社では、トップの機嫌を損ねた場合、その後の勤務に重大な支障が生じる可能性が高いため、XがYに抗議しなかったことをもってYのセクハラ行為を容認していたと見るのは酷であり、Xの反抗的な態度には多少行き過ぎの感も否めないとしつつ、Yに対し、慰謝料200万円の支払いを命じた。なお、XがYのセクハラ行為について、早い段階から公的機関に相談していることも、Xの主張が信用できる根拠として挙げていることからすると、セクハラ行為の被害者は、そうした意味でも、公的機関に相談するメリットがあるといえる。

また、女性従業員が、会社の代表者から、日常的に身体を触られたり、抱きつかれたりし、その後代表者に抗議したために解雇された事件がある（東京地裁平成9年2月28日判決）。

この事件は、ちらし広告会社（被告）の代表者Y（被告）が女性従業員X（原告）に対し、(i)話をする際首に手を回したり、背中を撫でたりする、(ii)ちらしの発送中、手や尻に触ったり、抱きつくなどする、(iii)毎月生理の有無や量を尋ねる、(iv)飲酒を強要し、「好きだよ」等の発言を繰り返す、(v)背後から羽交い締めにして小便をさせるような格好をさせるなどの行為を行い、その後Xが事務的な対応をすることになったところ、些細なことで怒鳴り、威圧的に業務命令をするようになった挙げ句、これに抗議したXを勤務態度不良を理由に解雇したものである。Xは、会社及びYそれぞれに対し、慰謝料等327万円を請求した。Yは、解雇理由として、Xがしばしば遅刻するなど勤務態度が悪かったと主張するところ、判決では、会社の時間管理は厳格ではなく、YはXの遅刻について数回注意したに過ぎないこと、Yは出勤が遅れた場合には退勤時刻を遅らせていたこと、Xの退院後に出勤時刻を遅らせることについてYも一旦は了解していることを挙げて、解雇は違法とし、Yに対し50万円の支払いを命じた。

Ⅲ　パワーハラスメント（パワハラ）

オ　パワハラを理由とする解雇等の処分

不当な解雇等の処分自体がパワハラに該当するものであるが、その処分理由が被処分者のパワハラであるケースがある。

① 部下に対するパワハラ、市民からの投書等により配転、退職

　市民病院の部長が、パワハラ等を理由に退職勧奨を受けて退職し、市に対して損害賠償を請求した事件がある（名古屋地裁平成28年2月23日判決、名古屋高裁平成28年11月11日判決）。

　この事件は、市民病院の口腔外科部長X（原告）が、パワハラによって部下を退職に追い込んだり、子供の患者に乱暴な扱いをして親からクレームを受けたりし、これらが市に投書され（投書1）、保険請求の水増しについて新聞社に投書がなされた（投書2）ことから、病院長Z_1が、Xが属する大学歯学部の教授Z_2の了解を求めた上で、Xに対し退職勧奨をしたものである。Xはこれを受けて退職し他の病院に移ったものの、通勤困難等のために短期間で退職し、市民病院の退職は、Z_1による違法な退職勧奨によるもので無効であるとして、市（被告）に対し、定年まで勤務したことを前提とする逸失利益3167万円余、退職金差額911万円余、慰謝料300万円を請求した。Xは、投書2に記載された事実については否定し、更なる調査を求めたが、Z_1は、調査委員会の設置自体が新聞沙汰になる危険性があるとして、これを拒否した。

　第1審では、Z_1は、最初にXに対する退職勧奨をして以降、3ヶ月にわたって何ら退職勧奨についての行動をとらず、Z_2に対し退職勧奨を依頼（丸投げ）したと推認できるとし、一方、Z_2は、Xが市公平委員会へ苦情処理の申立てをしたり、パワハラの事実を否定したりすることにより、関連病院としての市民病院を失うことなど、医局に不利益となる可能性を指摘して、事実上の人事権を背景に、Xに対し退職勧奨をしていると判断した。その上で、Z_2の権限を考えると、Xの自由な意思決定を妨げる態様のものであることから、Z_1が自らXに退職勧奨をするとともに、Z_2に対してXへの退職勧奨を要請した一連の行為も違法であるとして、市に対し、逸失利益及び退職手当差額相当分についてXの請求通りの額及び慰謝料100万円の支払いを命じた。控訴審では、基本的に原審と同様の考えに立ちつ

161

第2章　裁判例から見たハラスメントの状況

つ、Xのパワハラの疑いについては根拠を欠くとまではいえないこと、Xが当初退職勧奨を一旦応諾するような意向を示した時点までは違法な退職勧奨が行われたとはいえないこと、Z_2は、当初はXからの相談に応じる形で対応し、Xが退職勧奨を拒否したことから、医局の関連病院の人事に支障を生じると判断したと見られることなどの事情を考慮して、慰謝料額を50万円に減額した。

　本件は、Xの部下に対するパワハラ行為や、患者に対する不適切な行為があったことは事実のようであるが、そうだとすれば、Z_1としては、具体的にどのようなパワハラ行為が行われたのか、正確な事実関係を把握し、その上でその行為を評価する責任があるはずであるが、Z_1は調査委員会を設けたりすると、そのこと自体が報道機関等にばれて病院がダメージを受ける恐れがあるとして、これを避けている。また、Z_2も結局は、医局の利益を守るために、事実を解明するよりも、Xを切る途を選んだわけだが、結果として市民病院及び大学の名誉を貶めたものと思われる。

②　大勢の部下に対するパワハラ

　部長が、複数の部下に対し、叱責・罵倒を繰り返し、降格処分を受けた事件がある（東京地裁平成27年8月7日判決）。

　この事件は、不動産の管理、賃貸等を営む会社（被告）の部長X（原告）が、(i)部下Z_1に対し、年末までに2000万円やらなければ退職する旨一筆書けなどと告げ、この成績では子供にいかに駄目な父親か分かる旨伝え、常務とともに「3月までにやれなければ辞めると書け」と告げた上、Z_1の成績が上がらないとして退職を迫り、(ii)Z_2に対し、家族構成、配偶者の収入、独立の可能性等につき質問し（Z_2は退職を求められたと受け止めた）、(iii)Z_3に対し「向いていないから辞めた方がいい」と告げ、(iv)Z_4に対し、「店舗スパイを置いているから今後は真面目に働け」と脅し、(v)Z_5に対し、営業室について「どこにも行き場のない人の為に作った部署」と言って、2名を辞めさせろと迫るなどしたことから、これら一連の言動はパワハラに当たるとして、従前の8等級から7等級に降格されたものである。Xは、仮に上記行為が懲戒事由に該当するとしても降格処分は重きに失し、常務の処分（出勤停止2週間）と比較して均衡を失しているとして、処分無効

Ⅲ　パワーハラスメント（パワハラ）

の確認を請求した。

　判決では、Ｘの言動の中に一部パワハラに該当しないものも含まれているものの、一連の言動の大半はパワハラに該当するとして、処分を相当と認めた。判決では、「真面目に頑張っていても営業成績を残せないことはあり得ることであるが……部下自身がそのことに悩み、苦しんでいるはずである。にもかかわらず、数字が上がらないことをただ非難するのは無益であるどころか、いたずらに部下に精神的苦痛を与える有害な行為である。部下の悩みを汲み取って適切な気付きを与え、業務改善につなげるのが上司としての本来の役目ではないかと考える。」と述べているが、至言といえる。

カ　その他

LGBTの者を解雇

　最近、LGBTに関する議論が盛んになっており、特に国会議員による「LGBTは生産性がない」旨の発言を契機に、LGBTに対する差別等について、各方面から厳しい批判が行われている。LGBTを理由とした解雇その他の不利益取扱いを禁止する明文上の規定こそないものの、法の下の平等、幸福追求の権利等を定めた憲法の理念から当然許されないものと考えられる。LGBTであること自体が裁判で争われた事例は把握していないが、性同一性障害の者が、その勤務態度を理由に解雇され、その解雇の効力を争った事件がある（東京地裁平成14年6月20日仮処分決定）。

　この事件は、性同一性障害の診断を受けたＸ（債権者）が、会社（債務者）に対し、(ⅰ)女性の服装で出勤したい、(ⅱ)女性用トイレ及び更衣室を使いたい旨申し出、これを拒否されたことから、出社を拒否し、会社から送付された配転命令書を破棄して抗議文と共に会社に送付し、その2週間後、女性の服装、化粧をして配転先の席に着き、自宅待機命令の後も、会社の警告にもかかわらず、女性の容姿で出社するなどしたことから、懲戒解雇処分を受けたものである。Ｘは、解雇は無効であるとして、会社との間で雇用契約上の地位にあることの確認と賃金の仮払いを求める仮処分を申し立てた。

　仮処分決定では、Ｘは、従前は男性の姿で就労していたが、初めて女性の姿での就労を申し出、突然女性の姿で出社したもので、性同一性障害の

163

第 2 章　裁判例から見たハラスメントの状況

認識がなかったであろう社員はこれにショックを受け、強い違和感を抱いたと認められるとした上で、社員や取引先が嫌悪感を抱くことが認められる以上、会社が社内外への影響を考慮し、当面の混乱を避けるために、Xに対して女性の姿で就労しないように求めること自体は一応理由があると会社の対応に一定の理解を示した。しかし、その一方、Xは本件申し出当時、精神的・肉体的に女性としての行動を強く求めており、他者から男性としての行動を要求されると多大な精神的苦痛を受ける状態にあり、女性の姿で就労を求めることには相当の理由があるとした上で、結論としては、Xによる服務命令違反行為は懲戒事由には当たり得るが、懲戒解雇に相当するまで重大かつ悪質な企業秩序違反とはいえないとして、雇用契約上の地位にあることの確認と賃金の仮払いを認めた。

(8)　不当な人事考課に基づく降格、配転、昇給・昇格差別等

　我が国では、多くの企業等において、長期にわたって年功を中心とした人事管理が行われてきたが、近年、能力、成果を重視した人事管理を行う企業等が増加しているといわれている。能力、成果に基づく人事を行うためには、適切な人事考課が不可欠であるが、人間に対する評価は、誰もが納得するものとすることは極めて困難であり、人事考課による昇格・昇給等に関し裁判で争われる事例が近年増加している。また、人事考課の権限を利用（悪用？）して、特定の従業員に対し、著しい降格や、不適切としかいいようのない配転を強制する事例も少なからず見られるところである。これらは、「提言」の類型⑤に該当するともいえるが、必ずしも「過小な要求」といえないものも多いことから、この枠に収まり切れないこと、事例が豊富で、一つの類型として独立させるに相応しいことから、本書では類型⑧として、独立して扱うこととする。

ア　勤務態度、成績等を理由（口実）とする配転を含む不利益取扱い

①　出向先での異常に低い人事考課

　飲食店の従業員が、降格されて関連会社に出向させられた上、本来業務以外の業務に就かされ、異常に低い人事査定を受けた事件がある（大阪地裁平成21年10月 8 日判決）。

Ⅲ　パワーハラスメント（パワハラ）

　この事件は、飲食店を全国展開する会社（被告）において、部下の不祥事を理由に、マネージャーから店長に降格された調理師Ｘ（原告）が、大阪から東京への配転を命じられ、子供の病気を理由に仮処分申立てをして転勤の効力停止の命令を受けたところ、大阪市内の関連会社に出向させられ、そこで冷凍庫内の食材の仕分け作業等を命じられた上、上司から勤務態度等について注意を受けたことがなかったにもかかわらず、出向期間４年間の人事考課が50点（通常は60点台）という著しい低査定を受けたものである。Ｘは、退職した上、出向後に不当な人事考課を受け、これによって退職に至ったとして、会社に対し、財産的損害及び慰謝料総額約1140万円を請求した。この降格、減給処分、東京への転勤命令、出向命令を巡っては別件裁判（大阪地裁平成16年１月23日判決、大阪高裁平成17年１月25日判決）が行われ、第１審ではＸの請求が斥けられたが、控訴審では、降格処分についてはＸの請求が斥けられたものの、東京への転勤命令は無効とされ、出向命令についても不法行為責任が認められて、会社に対し慰謝料100万円の支払いが命じられた。会社は、この判決を受けながらＸに対する出向命令を維持して苛酷な業務に従事させたことが、本件訴訟の要因となっている。判決では、使用者が嫌がらせや見せしめなど不当な目的の下に特定の労働者に対して著しく不合理な評価を行った場合などには不法行為となるとの原則を示した上で、本件の場合、Ｘに特段の改善点についての指摘がないにもかかわらず、一貫して異常に低い点数が付けられたこと、しかも二次考課が常に一次考課より低いことなどを挙げて、人事考課を不法行為と判断し、会社に対し慰謝料等330万円の支払いを命じた。

　本件出向命令及び出向先における極端な低査定は、東京転勤を拒否して効力停止の仮処分申立てを行ったＸに対し、報復の意図で行われたことはかなり明白である。本件の人事考課の問題は、その査定の低さもさることながら、最初から最低ランクに位置付ける意図が明白に見て取れるところであって、人事考課を利用した嫌がらせの典型例といえる。その発端となったＸの東京転勤命令自体は、通常の人事であって嫌がらせの要素は認められないものの、Ｘの場合、子供が病気で、主治医と離れ難い事情があることなどから、転勤命令を拒否したもので、そうした事情を知りながら、無

165

理に転勤を進めようとしたこと、これが仮処分決定によって阻止されると、関連会社に出向させて、本来の調理業務とはかけ離れた業務に従事させたこと、一貫して異常な低査定を続けたことなど、様々なパワハラ行為が認められる。人事考課については、低い評価が直ちにパワハラとなるわけでないが、賃金に成果主義的な要素が強くなるにつれ、人事考課の重要性が増すこととなり、人事考課を手段とした部下に対するいじめ、嫌がらせの可能性が増大することが懸念される。

② 退職勧奨拒否後、降格、転籍

　商工会県連合会の職員が、退職を勧奨され、これを拒否すると、降格、転籍を強要され、給与も減額された事件がある（神戸地裁姫路支部平成24年10月29日判決）。

　この事件は、商工会県連合会（県連・被告）の職員X（原告）が、専務理事Y（被告）から、「給料が高過ぎる」として退職を勧奨され、これを拒否したところ、「次の職場を探したらどうだ」などと言われてD市商工会総務課長への出向を勧奨され、妻が県連会長に電話したことを非難され、「管理職の恥」、「ラーメン屋でもしたらどうか」などと罵倒された上、その後D市商工会へ転籍、降格、これに伴う給与減額、更なる出向命令を受けるなどしたものである。Xは、本件退職勧奨は侮辱的言動を伴ってされたもので違法であること、合意なく行われた転籍命令、出向命令は無効であること、遠距離通勤を強いられる出向は、退職勧奨に応じないことに対する報復であるから違法であることなどを主張し、県連及びYに対し、給与減額措置による損害、慰謝料等総額300万円余を請求した。

　判決では、本件退職勧奨は、Xの名誉感情を不当に害する言辞を用いて、不当な心理的圧力を与えるものとして違法であり、Yと県連は不法行為責任を負うとしたほか、本件転籍命令は退職勧奨に応じないXに対する嫌がらせとして行われたこと、本件出向命令は5年と長期であり、満了時には定年間際になり、通勤時間が片道2時間半と長時間を要することから、Xを退職に追い込もうとする不当な動機・目的でなされた不法行為に当たるとして、県連及びYに対し、給与減額分及び慰謝料等117万円余の支払いを命じた。本件は、Xの人事考課に当たって、一次評価者が100点満点中

Ⅲ　パワーハラスメント（パワハラ）

81点と一定の評価をしているにもかかわらず、Yは「評価に値しない」と最低評価を付けていることからすれば、到底適切な人事考課が行われたとは考え難い。

③　退職勧奨を拒否して大幅な降格、給与半減

退職勧奨を拒否したところ、最低の等級に落とされ、給与を半減された事件がある（東京地裁八王子支部平成15年10月30日判決）。

この事件は、自動車エンジン用フィルター等の製造販売を営む会社（被告）の従業員Ｘが、米国親会社の指示を受けて会社が行った退職勧奨を拒否したところ、新設された廃液処理班に唯一人配転され、最低の等級にまで降格されて給与も半減されたことから、差額賃金の支払いを請求したものである。判決では、本件給与減額によるＸの不利益は著しく大きい一方、Ｘの能力が従前と比して著しく劣ったとも、会社の経営状況に照らせば給与減額の必要性が高かったともいえず、十分な代償措置も講じられなかったとして、その合理性を否定し、会社に対し給与及び賞与の差額の支払いを命じた。

④　入れ墨調査拒否を理由に戒告処分

市職員が入れ墨の調査を拒否して懲戒処分を受けた事件がある（大阪地裁平成26年12月17日判決、大阪高裁平成27年10月15日判決、最高裁平成28年11月9日判決）。

この事件は、大阪市の児童福祉施設に勤務する男性職員が子供達に入れ墨を見せて暴言を吐いたことが報道されたことを契機に、市の全職員に対し入れ墨調査を行うこととなり、交通局運転手Ｘ（原告）も調査票への回答を命じられたが、これを拒否し、上司から分限免職を示唆され、懲戒処分の警告を受けながらもこれに従わず、結局戒告処分を受けたものである。Ｘは、本件処分により昇給が2号俸減じられ、勤勉手当が減額されたことから、本件調査は違法であるとして、市に対し、本件処分の取消しと給与の差額分及び慰謝料等375万円を請求した。

第1審では、入れ墨をしている職員を把握して人事上の配置を考慮する本件調査の目的、方法は正当であるとして、調査自体の違法を主張するＸの主張を斥けたが、一方、特定個人が入れ墨をしているとの情報は、個人

167

第2章　裁判例から見たハラスメントの状況

情報保護条例にいう差別情報に当たり、これは条例で差別情報の収集を認めた例外には該当せず、違法であるとして、本件処分の取消しを命じた（慰謝料請求は棄却）。これに対し控訴審では、本件入れ墨情報は、個人情報保護条例の差別情報には該当せず、本件調査の目的は正当であり、手段も適正かつ公正であるとして、Xを含む交通局職員に対し回答を命じた本件職務命令は適法で、これに従わず調査票を提出しなかったXの行為は違法であるとして、本件戒告処分を適法と認めた。なお、本件はXが上告したが棄却された。

　このほか、降格や給与減額等の是非が争われた事件としては、(ⅰ)米国会社の子会社の取締役が社長に意見を述べて以降、部長職、課長職、専門職を経て現業職にまで降格された事件（降格無効、慰謝料100万円）（東京地裁平成16年6月30日判決、東京高裁平成17年1月19日判決）、(ⅱ)米国との合弁の広告代理店で退職勧奨を受けた従業員が、2度にわたる降格の上、給与を3割削減された事件（降格無効・差額賃金支払い）（東京地裁平成18年10月25日判決、東京高裁平成19年2月22日判決）、(ⅲ)包装用資材等の製造販売を営む会社の部長が、取引の失敗を理由に遠隔地への配転（仮処分により効力停止）、降格、更なる単純業務への配転が行われた事件（配転無効、部長職解除有効、慰謝料なし）（大阪地裁平成12年8月28日判決）、(ⅳ)医薬品会社の営業職員が成績不良を理由に退職を迫られ、これを拒否したところ、単純作業に配転・降格され、賃金も半減された事件（いずれも無効）（仙台地裁平成14年11月14日仮処分決定）、(ⅴ)国際観光振興団体の職員が、自己評価を否定され、最低評価を受けて降格され、降格無効の確認と差額賃金等の支払いを請求した事件（職員の態度に問題があったものの、評価者の感情が強く反映されているなどとして降格無効）（東京地裁平成19年5月17日判決）がある。

イ　思想信条を理由とする差別的取扱い

労働組合運動が盛んだった頃、特定の政党の支持者等に対して、思想信条を理由とした人事上の差別的取扱いが多く見られたところであり、現在においても、そうした争いが根絶されたとはいい難い状況にある。

168

Ⅲ　パワーハラスメント（パワハラ）

①　特定政党支持を理由に低い人事考課

　鉄道会社において、従業員が特定政党の支持者であること等を理由に、最低ないしそれに近い評価をされた事件がある（福井地裁武生支部平成5年5月25日判決）。

　この事件は、鉄道会社（被告）の従業員で、特定政党を支持し、労働組合活動において執行部に批判的立場を取っていた6名（原告）が、人事考課において、最低又はそれに近い評価をされていたところ、原告らは、これは思想信条に基づく違法な差別であるとして、会社に対し、同期・同職種の従業員との差額相当額の支払いを求めたものである。

　判決では、原告らの人事考課が同職種の平均的従業員より低位であることを認定し、会社が原告らの思想信条を嫌悪して差別的意思を有していれば、思想信条による不当な差別がなされたものと一応推認でき、使用者の裁量を逸脱していない合理的な事由が認められなければ、原告らの勤務成績が平均的従業員と同等であったにもかかわらず不当な差別的取扱いを受けたものと考えられるとの判断を示した上、会社は原告らの思想信条を嫌悪していたこと、原告らの人事考課が同職種の平均と比べて低位であることを認定した。ただ、原告ら6名中2名については、具体的な事実を挙げて低い人事考課に合理的な理由が認められるとして違法性を否定したが、4名については、低い評価の理由が示されていないとして、会社に対し平均基本給との差額（29万円余〜68万円余）の支払いを命じた。

②　政党からの脱退を拒否して配転、昇給・昇格差別

　従業員が、会社から政党を辞めることを迫られ、これを拒否したところ、不利益取扱いを受けた事件がある（大阪地裁平成15年5月14日判決）。

　この事件は、繊維工業製品の製造・販売を営む会社（被告）に勤務するX1、X2（いずれも原告）が、会社から政党を辞めるように強く迫られ、これを拒否したところ、X1は大学に研究生として2年余派遣された上総務課に異動させられ、X2は10年間駐在員に異動させられた後出向させられるなど、昇給・昇進面で差別されたとして、会社に対し、同期同学歴の者との差額賃金・賞与相当額、慰謝料等を、X1については総額6280万円余、X2については4950万円余の請求をしたものである。

169

第2章　裁判例から見たハラスメントの状況

　判決では、会社は年功序列的人事を行う中で、特定の政党の党員である
X1、X2を嫌悪し、政党を辞めなければ仕事上の不利益を与える旨の恫喝
を加え、従来の仕事から隔離するなど、昇格・昇給面で差別があったとし
て不法行為を認め、同期同学歴の者との差額賃金相当額のほか、慰謝料等
を認めた（X1につき380万円、X2につき270万円）。会社は、X1には現業
の体験が必要と言いながら、それとは全く異なる国内留学を命じた上、何
の指示も報告命令もしなかったこと、その後研究職とは全く異なる部署に
異動させたことは不必要な措置と指摘し、X2についても、異動は突然で、
労働組合の大会で特定政党支持に反対の意見を述べた直後に命じられたこ
とからすると、業務上の必要性からなされたものではなく、浜松駐在勤務
は大阪から隔離することが目的であったと、人事権の濫用があったことを
具体的に指摘している。

③　思想信条を理由に昇格・昇進差別

　(a)電力会社において、従業員が思想信条を理由として、昇格・昇進にお
いて著しい差別を受けたなどとして、差額賃金、慰謝料等を請求した事件
がある（長野地裁平成6年3月31日判決）。

　この事件は、特定政党の党員ないし支持者で電力会社（被告）に勤務す
る4名（原告）が、思想信条を理由に、昇格・昇進の面で著しい差別を受
けたほか、転向の強要、不当配転、職場八分、研修差別等様々な嫌がらせ
を長期にわたって受けてきたとして、会社に対し、同期同学歴の平均的従
業員の賃金との差額及び慰謝料各300万円の支払いと謝罪文の交付等を請
求したものである。判決では、会社の原告らに対する行為が転向を強要す
るにまでは至っていないとしながら、その行為は、原告らに対し、その思
想信条を理由に賃金差別の意思をもって査定を行い、著しい格差のある賃
金差別を行ってきたとして、会社に対し、各原告らにつき慰謝料300万円
を支払うよう命じた。

　多くの同種の裁判では、賃金差別の有無、程度について、同期、同学歴、
同職種の者と比較し、多くの場合その平均又は中位と比較して差額賃金を
算定する手法を取っているが、本判決では、原告らと同学歴・同期入社の
平均的従業員との比較は困難であるとして、社会通念上平均的な従業員を

170

Ⅲ　パワーハラスメント（パワハラ）

想定した上、これを同期・同学歴入社者の平均的従業員とみなして比較対照することで足りるとし、差額賃金を査定することなく、差額賃金も含めた形で慰謝料として一本化して金額を算定している。本件で同期・同学歴の者との差額の算定という手法を採用しなかったのは、人事考課中、原告らの評価を低く査定する中には、不当な差別の部分と正当な部分が混在し、原告らが平均的労働者より総じて劣位にあるとの判断に立ち、その劣位の程度を定量的に示すことが困難であったためと考えられる。

　本件で被告となった会社では、このほかにも多くの同種の裁判が行われており（（注1）〜（注5））、その多くは会社による思想信条差別を認定している。

　また、上記とは別の電力会社において、特定政党に加入・支持をし、活動を行っていた従業員ら90名（原告）が、会社（被告）から昇給・昇格差別等の不利益取扱い、転向強要などの迫害を受けたとして、会社に対し差額賃金、慰謝料等を請求した事件（名古屋地裁平成8年3月13日判決）では、会社が反共思想の人事管理を行っているとした上で、昇給・昇格に当たって年功を重視する会社では、標準者との間に格差が生じた場合は、その格差について合理的説明をする責任があるのに、会社は格差の理由を明らかにしないとして、会社に対し、標準的労働者との差額及び慰謝料100〜200万円の支払いを命じた。

　(b)同じく、思想信条を理由とした差別として争われた事件としては、自動車会社の従業員が、特定政党の党員であることを理由に昇格・昇給の差別を受けたとして争った事件がある（静岡地裁浜松支部平成17年9月5日判決、東京高裁平成18年2月7日判決）。

　この事件は、自動車の製造・販売を営む会社（被告）の従業員7名（原告）が、特定政党の党員であることを理由として不当な人事考課を受け、その結果、昇格・昇給において著しい差別を受けたとして、差額賃金、慰謝料等総額1億5768万円を請求したものである。

　第1審では、原告らのビラ配布等は就業規則違反には当たらず、会社がこれを阻止したのは、これらの行為を嫌悪したからと見られること、監督者教育で反共教育をしたことが窺えること、会社が労働組合の役員選挙に

171

第2章　裁判例から見たハラスメントの状況

介入したことを挙げ、1名を除いて最低評価「1」と査定したことは不当な差別に当たるとして、6名について差額賃金の支払いを命じた。これに対し控訴審では、被控訴人（原告）が主張する会社の反共労務政策は認められないこと、労働組合の役員選挙等に対する妨害だと被控訴人が主張するものは、会社の指示・関与とは認められないことなど、会社の行為に特段の違法性はないとして、原判決を破棄して被控訴人らの請求を棄却した。控訴審では、1名を除く各被控訴人は、いずれも勤務状況、勤務態度が明らかに他の従業員を上回っていて会社の考課査定が不合理なものであったと認めるに足りる事情が認められないこと、被控訴人6名が初めて「1」査定を受けた当時、公然と党の活動をしており、その後もその活動が公然と継続されているにもかかわらず、その後の査定には変動があることなどからすれば、会社において特定政党の党員について、反共政策に基づく労務管理が行われたとは認められないとの判断を示した。

　控訴審の特徴は、被控訴人の主張する事実を一定程度認めながら、会社がそれらを指示した文書等の証拠はないこと、会社が被控訴人らの諸活動を妨害したとは認められないことなどを挙げて、被控訴人らの主張を斥けたことである。ただ、この論法によれば、従業員の思想信条等による差別があったとの事実を認定しても、それが会社の指示によるとの文書等の明確な証拠がない限り、会社の責任は問えないこととなる。しかしながら、社内研修において明らかな反共教育を行うこと、従業員への差別行為、妨害行為等について指示文書を出すことなど、会社の差別意思に基づく行為であることが明確となるような拙劣な方法を会社が採ることは考えにくく、「差別について会社の責任を問うなら、会社がそれを指示したという明確な証拠を持って来い」と言わんばかりの判断は、差別解消の最後の砦とでもいうべき裁判所の姿勢として問題があるといえよう。

（注1）　前橋地裁平成5年8月24日判決
（注2）　甲府地裁平成5年12月22日判決
（注3）　長野地裁平成6年3月31日判決
（注4）　千葉地裁平成6年5月23日判決
（注5）　横浜地裁平成6年11月15日判決

172

Ⅲ　パワーハラスメント（パワハラ）

⑼　正当な権利行使の妨害、権利行使を理由とする不利益取扱い

　労働者には、労働基準法、育児・介護休業法等に基づき、年次有給休暇、産前産後休業、育児休業、介護休業等様々な権利が与えられているが、こうした労働者の権利の行使を妨害したり、権利の行使を理由とした不利益取扱いをしたりする事例も少なからず存在する。このうち、年次有給休暇（年休）の取得を妨害したり、自ら又は部下の取得を理由に不利益取扱いをした事例として、次のものが挙げられる。

①　「取りすぎ」として年休取得妨害

　従業員が年次有給休暇（年休）を申請したところ、上司から妨害やパワハラを受け、年休についての会社ぐるみの妨害がなされたなどとして、上司、会社等に対し損害賠償を請求した事件がある（神戸地裁平成23年10月6日判決、大阪高裁平成24年4月6日判決）。

　この事件は、進学教室に勤務するＸ（原告）が、1週間のリフレッシュ休暇を取得する同じ月に、更に1日の年休の取得を申請したところ、課長Ｙ1（被告）から、「そんなに休むと、上は不要な人間だという」、「仕事が足りないなら仕事をあげるから出社してくれ」などと言われて取得を断念し、翌月1日の年休を申請したところ、重要な行事があるとしてこれも却下され、総務部長Ｙ2（被告）も会議の場でＹ1を擁護したものである。Ｘの報告を受けた労働組合（原告）は、団体交渉を行って会社を追及する一方、保護者会の会場でパワハラを訴えるビラを配布したところ、社長Ｙ3（被告）は、ビラ配布について苦言を呈した上、Ｙ1の年休拒否行為はパワハラとは思わない、今後年休は良く考えてから取るように、などと発言したことから、Ｘは、Ｙ1が立場を利用して、年休の取得妨害や不当な業務命令などのパワハラをしたこと、会社には職場環境調整義務違反があったことなどを主張し、Ｙ1に対しては100万円、Ｙ2、Ｙ3及び会社に対しては各50万円の損害賠償を請求した。

　第1審では、Ｙ1の年休取得妨害行為については不法行為と認め、Ｙ1及び会社に対し連帯して40万円を支払うよう命じたが、Ｙ2及びＹ3の言動並びにＹ1が年休取得却下の際に行った業務命令に対する損害賠償請求はいずれも棄却した。なお、この事件では、労働組合にも、ビラ配布を批判す

173

第2章　裁判例から見たハラスメントの状況

るY3の発言について10万円の損害賠償が認められた。これに対し控訴審では、Y1の発言の違法性は極めて高く、業務命令にも年休申請に対する嫌がらせがあったとして、Y1に対する損害賠償額を60万円に引き上げ、Y2、Y3の各発言もXの名誉感情を侵害するものであるとして、各20万円の損害賠償の支払いを命じたほか、会社に対しては職場環境整備義務違反に基づき、20万円の損害賠償の支払いを命じた。

② 特定理由以外の年休取得禁止

特定の理由以外の年休の取得を禁止された従業員が、年休の日数分の賃金相当額及び慰謝料を請求した事件がある（東京地裁平成27年2月18日判決）。

この事件は、酒類販売等を営む会社（被告）の従業員X1及びX2（いずれも原告）が、年休残日数が14日ないし18日あったのに一方的にゼロにされるなどしたことから、会社は年休の取得を妨害し続け、本来取得できた年休期間中無償で労働させられたとして、会社に対し、その日数分に相当する賃金相当額（X1につき386万円余、X2につき240万円余）、慰謝料各200万円を請求したものである。

判決では、年休の利用目的は労働基準法の関知しないところであり、本件のように、使用者が労働者に対し、冠婚葬祭や病気など一定の理由がなければその取得を認めない取扱いをすることは許されないとし、会社が年休の残日数を勝手に0日に変更したり、取得理由を冠婚葬祭や病気に限るとしたことは、労働契約上の債務不履行に当たるとして、会社に対し、X1及びX2それぞれに対し50万円の損害賠償を支払うよう命じた。

このほか、年休取得の妨害に関する事件としては、無理なノルマを課せられた営業社員の年休申請に対し、支店長が「結果を出してからにしろ」と却下した事例（京都地裁平成12年4月18日判決、大阪高裁平成13年11月29日判決）、労働組合のマークの付いているベルトを着用して仕事をしていた国労の組合員の作業員が、仕事を外されて就業規則の書き写し等の業務を命じられた挙げ句、体調不良を理由に年休申請をしても認められなかった事例（秋田地裁平成2年12月14日判決、仙台地裁秋田支部平成4年12月25日判決）、支店長から強姦されるなどした女性行員が、その後管理者から厳しい態度で対応されるようになり、年休を許可しないなどの嫌がらせ

174

Ⅲ　パワーハラスメント（パワハラ）

を受けるようになった事例（東京地裁平成11年10月27日判決）、女性歯科技工士が妹の結婚式に出席するため年休を取ろうとしたところ、上司から「給料もらって行こうなんて浅ましい」などと言われた事例（岐阜地裁平成30年1月26日判決）が挙げられる。なお、上記岐阜地裁の判決では、当該上司は、上記の発言について、他の従業員の士気を下げること、無給休暇なら認めることを挙げて正当性を主張したところ、判決では、同発言の不適切、不相当性については指摘しているものの、慰謝料までは認めていない。また、部下2名同時の年休取得を承認した管理者が、うつ病で休んでいるにもかかわらず出勤を命じられるという嫌がらせを受けた事例がある（京都地裁平成18年8月8日判決）。

　年次有給休暇は、雇入れの日から起算して6ヶ月間継続勤務し、全労働日の8割以上出勤した労働者に対し当然に与えられるものであって、使用者の許可ないし承認は入る余地がない。すなわち、労働者が、その権利の範囲内で「この日に休む」と休暇日を指定すれば、使用者の判断を待つことなく、その日についての労働が当然に免除されるわけである。ただ、労働者が指定した時季に休暇を与えることが事業の正常な運営を妨げる場合にのみ、使用者は休暇の時季を変更することができることとされているに過ぎない（労働基準法39条5項）。この時季変更権の解釈について、最高裁は、その趣旨を「使用者に対し、できる限り労働者の指定した時季に休暇を取得することができるように、状況に応じた配慮をすることを要請しているものと解すべき」とした上で、労働者が使用者の業務計画、他の労働者の休暇予定等との事前の調整を経ることなく、始期と終期を特定して長期かつ連続の時季指定をした場合には、「右休暇が事業運営にどのような支障をもたらすか、右休暇の時季、期間につきどの程度の修正、変更を行うかに関し、使用者にある程度の裁量的判断が認められる」としたものがある（最高裁平成4年6月13日判決）。上記①の事件における、Xの2回目の年休申請の際には、Y1はその日は教室にとって重要な行事があるとして申請を却下しているが、確かにこの日は生徒の保護者会という重要イベントが予定されてはいたものの、一般職員であるXの休暇が事業の正常な運営を妨げるとは認め難いと考えられる。

175

第2章　裁判例から見たハラスメントの状況

　労働者の正当な権利の行使の妨害、権利行使を理由とした嫌がらせ、不利益取扱いとしては、年休以外に、産前産後休業や育児休業の取得等に係るものも多いが、これについては、「Ⅱマタニティハラスメント」参照。

おわりに

　働き方改革関連法は、昨年の通常国会で成立し、今年4月から順次施行されることとなります。同法の基となった「働き方改革実行計画」（平成29年3月28日）では、ハラスメントの防止について、「政府は労使関係者を交えた場で検討を行う」といった、かなり腰の引けた表現になっていたことから、政府の本気度を疑ったところですが、パワハラ防止関連法案が国会に提出されたところを見ると、昨今の頻発するパワハラ事件に触発され、また、今年のILO総会でハラスメント防止に関する条約が採択される見通しであることも、ハラスメント防止に向けて政府の背中を押したものと推測されます。

　今後、我が国は、少なくとも当分の間は、高齢化が一層進むことは確実であり、外国人労働力という不確定な要因はあるものの、労働力人口が減少の方向に進むことは避けられないところです。そうだとすれば、なおさら、現に働いている人を大切にし、その能力を最大限発揮してもらうことが、個々の企業にとってはもちろん、社会全体にとっても不可欠の課題となるはずです。ところが、そうした要請をうち砕くハラスメントが相変わらず多発していることは、実に深刻な問題といわざるを得ません。

　ハラスメントは、最悪の場合、被害者の自殺を引き起こすことにもなり、そこまでいかないにしても、被害者に精神疾患を生じさせたり、そのパフォーマンスを低下させたりし、更にはハラスメントが表面化すれば、企業イメージのダウンにもつながりかねない重大な問題といえます。最近では、大手広告会社において、若手の女性従業員が、長時間労働と上司からの心無い発言等により自殺するという痛ましい事件が発生し、この事件により、社長が更迭されるに至りました。職場におけるハラスメントとは、これを受けた労働者が傷つくことはもちろんですが、企業にとっても、それほどまでに強力な破壊力を持った行為なのですから、組織に生きる者、特に地位の高い立場にある者は、そのことを十分に認識して行動する必要があります。

　ただ、それにもかかわらず、組織としてハラスメントを放置したり、ハラスメントの行為者を何事もなかったかのように昇進させたりする姿をよく見かけますが、全く理解に苦しむところです。多くのスポーツ団体が、パワハ

ラ事案の続出により揺れ動いていますが、恐らくこれらは氷山の一角で、早急に適切な対策を講じない限り、今後も同様の事案が続くことになるでしょう。しかし、事はスポーツ団体に限ったことではありません。労働関係の判例雑誌を開けば、相変わらず、企業におけるハラスメントに係る損害賠償請求事件、ハラスメントで心身を傷付けられた被害者やその遺族が労災保険の給付を求める行政訴訟事件を見ないことの方が珍しいくらいの状況にあり、ハラスメント防止は道半ばという感が否めません。

　私は、数年前から、ハラスメント防止のための法律を制定すべきであると主張してきましたが、ようやくこのことが実現する運びとなるようです。現在では、セクハラ及びマタハラについては、既に男女雇用機会均等法及び育児・介護休業法でその防止に向けての規定が設けられており、パワハラのみが取り残された状況にあったものが、パワハラについても、昨年の検討委員会の報告を受けた労働政策審議会で法制化に向けての建議がなされ、法律案要綱についての答申もなされて、厚生労働省も関係法律案を国会に提出したところです。恐らく、本書が刊行される頃には、法案の審議に入っているものと推測されます。

　今後国会での審議が始まるようになると、恐らく、労働団体やマスコミ等から、「ハラスメントを法律で明確に禁止せよ」、「ハラスメントに罰則を設けるべし」といった指摘がなされることが予想されます。この構図は、既視感があります。そう、男女雇用機会均等法の制定を巡る議論の際にも、「努力義務では無意味」、「罰則を設けよ」といった議論が、野党や労働組合のほか、法律学者や弁護士などからも盛んに主張されたものです。私は、男女雇用機会均等法の施行とほぼ同時に同法の担当となり、その施行を担う立場になりましたが、法案の国会審議中や成立後の政令・省令の制定過程ほどではないにせよ、やはり同法の中心が努力義務であって、罰則規定のないことについて攻撃を受けたものです。ただ、当時から不思議でならなかったのは、罰則を主張する人が、何に対して罰則を課すのか、その構成要件について何ら見解を示していなかったことです。同法の施行から10年近く経過した後、朝日新聞に、「均等法に罰則を盛り込め」というタイトルでの社説が出されました（平成7年9月24日）が、その中でも、相変わらず、構成要件については一切触れられ

ていませんでした。その後、同法は、数度の改正を経て、当初の努力義務は差別禁止となり、男女双方向の差別が禁止されるなどの発展を遂げ、未だ罰則規定はないものの、社会に定着したものとなっています。

　今回のハラスメント防止のための法制化に当たって、男女雇用機会均等法について触れたのは、当時の議論が、今回の検討に当たって参考になる点が多いと考えたからです。すなわち、罰則を設けるとなれば、当然構成要件を明確にしなければならないことから、その保護範囲は狭まらざるを得なくなります。物理的暴力はともかく、パワハラの中心となる暴言、罵倒、侮辱については、その構成要件を明確にすることは極めて困難であり、無理に罰則を設けようとすれば、その範囲を非常に限定せざるを得ないことから、ハラスメントの防止対策にかえってブレーキをかける恐れすら考えられます。恐らく、罰則を設けるとなれば、その対象は、パワハラの①類型の「暴行・傷害」のほか、若干のものにならざるを得なくなるでしょうし、暴行・傷害について罰則を課そうとすれば、刑法の暴行罪、傷害罪との関係をどう整理するかという問題も生じてきます。

　以上から、ハラスメントに罰則を課すことは、不可能ではないにせよ、多くの問題があり、ハラスメントを防止するために有効な手法とはいい難いと思われます。幸いに、審議会の議論でも、罰則を主張する意見はそれほど強くはなかったようで、建議にも盛り込まれませんでした。

　本書では、セクハラ、マタハラ、パワハラの３つのハラスメントを取り上げ、裁判例を紹介する中で、それらの問題点を指摘してきましたが、これらは、それぞれ特色があるものの、共通性も多く見られ、１つの事件の中で複数の要素が含まれるものも少なくないことから、立法に当たっては、是非、ハラスメント防止のための総合立法を制定して欲しいと考えています。閣議決定された法律案要綱によると、パワハラ防止については、「労働施策の総合的な推進並びに労働者の雇用の安定及び職業生活の充実等に関する法律」（旧雇用対策法）の一部改正によりパワハラに係る関係規定を設けることとされています。もちろんこの方法でもパワハラについて初めて法律で防止策が謳われることは大きな前進ではありますが、不十分な感は否めません。私が、ハラスメント全体を対象とした総合立法に拘るのは、複数のハラスメントが

複合する事案にも対処しやすいといった実務的な面もありますが、国として
ハラスメント防止に取り組むというメッセージの発信という点で、大きなイ
ンパクトを与えることが期待できるからで、このことは、労働力が減少する
中で、限られた労働力を有効に活用しようとする働き方改革の趣旨に沿った
ものといえます。

　ハラスメントを一掃し、人々が、それぞれの職場において、心身共に快適
な状態で、その持てる力を存分に発揮できる状況を作り出すこと、すなわち、
ハラスメントの根絶こそが働き方改革の本丸といわなければなりません。

著者紹介

君嶋　護男
きみしま　もりお

昭和23年茨城県生まれ

昭和48年労働省（当時）入省。労働省婦人局中央機会均
等指導官、同局庶務課長、愛媛労働基準局長（当時）、愛
知労働局長、労働大学校長、（財）女性労働協会専務理事
などを経て、平成17年6月より（公社）労務管理教育セン
ター理事長

著書に「キャンパスセクハラ」（女性労働協会発行）、「こ
こまでやったらパワハラです！―裁判例111選―」（労働調
査会発行）、「おさえておきたいパワハラ裁判例85」（同）、「混
迷する労働者派遣の行方」（同）、「セクハラ・パワハラ読
本（共著）」（（公財）日本生産性本部生産性労働情報センター
発行）がある

ハラスメント
―職場を破壊するもの―

平成 31 年 4 月 25 日　　　発行

定　価　（本体 1,500 円＋税）

著　者　君嶋　護男

発行所　株式会社　労働法令

〒104-0033

東京都中央区新川 2 － 1 － 6　　丸坂ビル

TEL　03-3552-4851

FAX　03-3552-4857

落丁・乱丁本はお取り替えします。　　　　　ⓒ2019

ISBN978-4-86013-318-4 C2032　￥1500 E

労働災害を防ぐ
「しつけ」の
すすめ

東内一明 著
Higashiuchi Kazuaki

労働新聞社